——————————— 님의 소중한 미래를 위해
이 책을 드립니다.

주린이도 술술 읽는

친절한
배당
투자

주린이도 술술 읽는

친절한
배당투자

초보자가 꼭 알아야 할 배당투자의 기본

안혜신·김인경 지음

메이트북스

메이트북스 우리는 책이 독자를 위한 것임을 잊지 않는다.
우리는 독자의 꿈을 사랑하고,
그 꿈이 실현될 수 있는 도구를 세상에 내놓는다.

주린이도 술술 읽는 친절한 배당투자

초판 1쇄 발행 2024년 12월 1일 | **지은이** 안혜신·김인경
펴낸곳 (주)원앤원콘텐츠그룹 | **펴낸이** 강현규·정영훈
등록번호 제301-2006-001호 | **등록일자** 2013년 5월 24일
주소 04607 서울시 중구 다산로 139 랜더스빌딩 5층 | **전화** (02)2234-7117
팩스 (02)2234-1086 | **홈페이지** matebooks.co.kr | **이메일** khg0109@hanmail.net
값 19,000원 | **ISBN** 979-11-6002-915-4 03320

나에게 즐거움을 주는 유일한 것이 무엇인지 아시나요?
내 배당금이 들어오는지 확인하는 것입니다.

• 존 D. 록펠러(미국의 사업가) •

이 책만 읽어도
배당투자 상위 10%는 갑니다!

주식투자가 성공하기 어려운 이유는 무엇일까요? 우리가 주식에 투자하면서 기대하는 수익이 높기 때문입니다. 세상의 모든 것에는 대가가 따르기 마련입니다. '하이 리스크 하이 리턴(high risk high return)'이라는 말처럼 높은 수익을 기대하면 그만큼 리스크가 크다는 사실을 기억해야 합니다. 하지만 '인간은 어리석고 같은 실수를 반복'하기 때문에 주식에 투자하는 사람들은 대부분 당연한 전제를 까맣게 잊어버리고 오로지 높은 수익률이라는 결과만 기대합니다.

높은 수익률만 바라보고 주식투자에 나선다면 성공하기 어렵습니다. 이런 투자자들이 기대하는 두 자릿수, 높게는 세 자릿수 수익률을 돌려줄 수 있는 주식은 기업가치에 따른 제대로 된 주가를 보유하고 있다기보다는 말 그대로 소문에 흔들리는 한철 테마주일 가능성이 높기 때문입니다. 이런 주식이 하늘에 달려 있는 수익률 눈높이를 맞춰줄 수 있는 확률 자체도 높지 않지만, 운 좋게 그 정도 높은 수익률을 올린다고 하더라도 반대로 순식간에 그만큼 또는 그 이상으로 주가가 떨어질 수 있다는 가능성을 늘 염두에 두어야 합니다.

불안한 마음으로 하는 투자는 장기적으로 이어질 수 없습니다. 한마디로 주식을 '모 아니면 도'인 도박처럼 투자하려고 하면 안 된다는 이야기입니다. 혹시라도 주식을 비트코인처럼 대박 투자처로 생각하고 이 책을 집어 들었다면, 다시 한번 조용히 마음을 가다듬고 목표 수익률부터 우선 수정해보도록 합시다.

잘 고른 주식은 투자한 다음 날 나에게 10%의 수익을 안겨주지는 못합니다. 하지만 이 정도로 높은 수익을 하루아침에 안겨주는 주식은 제대로 된 주식일 수 없습니다. 투자한 지 하루 만에 주가가 10% 오른 주식이라면 다음 날 15%가 떨어질 수 있다는 점을 명심해야 합니다. 이런 종목에 대한 투자를 우리는 '투자'가 아닌 '도박'이라고 부릅니다.

그렇다면 내가 가지고 있는 자금을 뻥튀기처럼 크게 불려주는 것도 아닌 데다가 원금 손실의 위험까지 있는데도 왜 주식을, 그중에서도 배당투자를 해야 할까요? 100세 시대에 든든한 노후자금을 마련하기 위해서는 배당투자만큼 투명하고 합리적인 투자처가 없기 때문입니다.

코로나19 팬데믹 이후 시중에 풀어둔 유동성을 흡수하기 위해 높아졌던 금리는 다시 제자리를 찾아가기 시작했습니다. 그동안 예금금리만으로도 재테크가 충분했다면 이제는 그 정도 수준으로 만족하기 어려워졌습니다. 0.1%의 금리라도 아쉬운 상황에서 '투기'가 아니라 '투자'로서 주식을 제대로 선별하고, 여기서 정기적으로 나오는 배당금까지 받는다면 '주식으로 노후를 대비한다'는 말도 마냥 허무맹랑한 소리만은 아닐 수 있습니다.

주식투자는 무엇보다 본인이 스스로 공부한 내용으로 판단한 종목을 선택해야 합니다. 소위 말하는 '정보'나 '소문'을 투자의 기반으로 삼고 종목을 고른다면, 뉴스에서 자주 접하는 '리딩방'의 광고 문구에 현혹되어 여기에 기꺼이 내 돈을 주고 결국에는 희생당할 수밖에 없습니다.

주식투자를 배척하는 사람들은 개인투자자, 즉 '개미'는 늘 외국인이나 기관에게 당할 수밖에 없는 주식시장이라고 이야기합니다. 하지만 잘 고른 배당주 하나는 외국인이나 기관의 움직임과 상관없이 열 테마주 부럽지 않은, 내 자산을 불려주는 씨앗이 될 수 있습니다.

주식투자는 결국 내가 선택한 기업에 대한 투자입니다. 이 기업이 내 투자금을 활용해서 성장하고, 이익을 내서 이를 배당이라는 형태로 다시 나에게 나눠준다면 기업도 성장하고 나도 이를 누릴 수 있는 가장 이상적인 투자처가 될 수 있습니다. 배당주에 투자한다는 것은 바로 이런 것입니다. 제대로 된 주식을 골라서 투자했다면 당장 며칠, 몇 시간의 주가 움직임에 일희일비할 필요가 전혀 없습니다.

범람하는 주식투자 관련 책 중에서 이 책을 골라 들었다면 내가 투자할 기업에 대해서 적어도 매출이나 영업이익, 배당금 수준 등의 정보를 직접 찾아보는 노력과 수고 정도는 기꺼이 하겠다는 마음을 가지고 있는 투자자일 것입니다. 이 책이 그런 투자자들에게 배당투자의 가장 기본이 되고 도움이 되는 역할을 하길 바랍니다. 배당이 무엇인지, 왜 투자해야 하는지, 어떻게 배당을 받는 것이고 무엇을 보고 종목을 골라야 하는지 가장 기초부터 차근차근 도움을 줄 수 있다면 좋겠습니다.

책을 완성하기까지 믿고 기다려주신 메이트북스 출판사 관계자님께 감사드립니다. 후배들이 책을 쓴다고 하니 응원하고 배려해주신 이정훈 〈이데일리〉 국장님과 권소현 센터장님, 함정선 부장님 감사합니다. 또한 책을 쓸 기회를 기꺼이 마련해준 베스트셀러 작가 최정희 선배님께도 감사함을 전합니다. 회사 내부는 물론 취재 현장에서 만난 수많은 선후배님들과 '책이 언제 나오냐'며 관심을 보여주고 격려를 아끼지 않은 주변 지인들에게도 감사하다는 이야기를 하고 싶습니다.

마지막으로 가장 가까운 곳에서 용기를 주고 누구보다도 열성적으로 응원해준 가족들에게 진심을 담아 고마움과 함께 이 책을 바칩니다.

안혜신·김인경

DIVIDEND INVESTMENT

차례

PART 1   시간을 즐기는 배당투자, 당장 시작하라

CHAPTER 1 │ 돈이 주인이 아닌, 돈의 주인이 되는 투자

PART 2 | 배당투자, 누구나 손쉽게 할 수 있다

시간을 즐기는 배당투자, 당장 시작하라

금리 인하기다. 시중 은행 정기예금상품의 금리는 연 2.50~3.50% 수준까지 떨어졌다. 조금이라도 높은 금리가 아쉬워지는 시기다. 배당주는 금리 인하기의 대표적인 투자처다. 금리가 하락하면 기업의 자금조달 여력이 나아지고 기업가치가 개선된다. 이렇게 되면 상장된 기업 주가도 오르고, 기업이 배당할 수 있는 배당금도 늘어나기 때문이다. 금리 인하와 맞물려 배당에 대한 관심이 높아지다 보니 자연스럽게 여기저기에서 배당에 대한 이야기가 들린다. 배당이란 정확히 무엇이고, 배당주에 투자해야 하는 이유는 무엇인지 알아보자.

주식투자가 무섭다고?
노후자금을 어떻게 주식에 넣을 수 있냐고?
알고 보면 예금보다 수익이 높고 성장 가능성도 있는데?
배당주에 투자해야 하는 이유가 궁금하다면?

돈이 주인이 아닌, 돈의 주인이 되는 투자

주식투자가 두려운 가장 큰 이유는 주변에서 주식투자에 대한 성공담보다 실패담을 더 많이 들었기 때문이다. 하지만 주식을 투기가 아닌 진정한 투자로 생각하고 접근하면 결과는 달라질 수 있다. 단기수익에 일희일비하기보다 제대로 된 종목을 발견하고 장기투자에 나서면서 배당금까지 정기적으로 챙길 수 있다면, 주식은 노후 대비를 위한 중요한 수단 중 하나가 될 수 있다.

예금이나 적금 대신
배당주에 투자했더니

배당주에 투자하면 원금 손실 부담이 상대적으로 적고, 예금이나 적금에 투자했을 때보다 얻을 수 있는 이익이 더 클 가능성이 높다. 게다가 배당주에 다시 투자했을 때 얻을 수 있는 복리효과도 무시할 수 없다.

배당투자를 당장 시작해야 하는 이유

회사원 A와 B는 친구다. 이들은 비슷한 투자성향을 가지고 있지만 약간의 차이가 있다. A는 조금이라도 원금 손실이 있는 것이 싫다. 퇴직연금도 예금이나 적금에 '몰빵'했다. 낮은 이자를 가져가더라도 원금을 최대한 지키는 방법을 택한 것이다. B도 원금 손실은 피하고 싶다. 하지만 어느 정도 손실 가능성을 감수하더라도 원금을 불릴 수 있는 방법을 선호한다. 리스크가 없으면 수익을 낼 수 없다고 생각하기 때문이다.

A와 B는 연말 모임에서 만나 흥청망청 살아온 1년을 반성했다. 그리고 새해부터는 재테크를 해보자고 다짐했다. 이들이 1년간 선택한 재테크 방법은 각각 적금과 배당투자다.

A는 예금자보호가 되는 금액 내의 투자인 만큼 조금이라도 이자율이 높은 저축은행을 택했다. 2024년 1월 기준, 저축은행 평균 적금금리는 3.9%다. 한 달간 100만 원씩 1년을 꼬박 투자하면 25만3500원의 이자를 받을 수 있다(저축은행중앙회 소비자포털 금융계산기 참고).

B는 배당주에 투자하기로 하고 대표적인 배당주 중 하나인 우리금융지주의 주식을 매달 100만 원씩 매입하기로 했다(계산 편의상 주가변동성과 세금 등의 변수는 계산에서 제외했고, 주식 매입 가격은 2024년 1월부터 2024년 7월 18일까지의 평균 주가인 주당 1만4150원으로 계산했다). 이렇게 되면 한 달에 우리금융지주 주식을 70주씩 살 수 있다.

마침 우리금융지주는 2024년부터 결산배당일을 바꾸면서 배당기준일이 2월 29일이 되었다. B가 2개월 동안 모은 주식은 140주다. 우리금융지주의 주당 배당금은 640원으로, 배당수익률은 4.5%다. B는 투자한 지 2개월 만에 8만9600원의 배당금을 받았다.

이렇게 받은 배당금을 다시 주식에 투자하기로 하고 3월에는 70주에 6주를 추가로 매수했다. 그런데 우리금융지주가 분기배

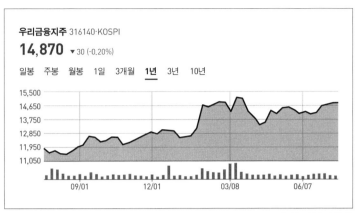

우리금융지주 주가 추이(단위: 원)

우리금융지주 316140·KOSPI
14,870 ▼30 (-0.20%)

일봉　주봉　월봉　1일　3개월　**1년**　3년　10년

15,500
14,650
13,750
12,850
11,950
11,050

09/01　　12/01　　03/08　　06/07

출처: 네이버 금융

당도 준다고 한다. 배당기준일은 3월 31일이다. B가 보유하고 있는 주식은 216주였고 주당 배당금은 180원으로 총 3만880원을 배당금으로 받았다. 3개월 동안의 투자로 받은 배당금은 총 12만 8480원이다.

　우리금융지주는 2024년 2분기에도 1분기와 비슷한 수준인 주당 180원의 분기배당을 할 것으로 보인다. 아직 정확한 배당일이 정해지지 않아서 2024년 6월까지 추가 매수한 212주(70주씩 3개월+배당금 재투자 2주)로, 배당금을 계산해보면 7만7040원이다. 6개월간 총 20만5520원을 배당금으로 받았다. 여기에 3분기 배당(11만5740원, 210주+배당금 추가 매수 5주)과 4분기 배당(15만 3540원, 210주+배당금 추가 매수 8주)을 추가하면 15만3540원을 받을 수 있다. 따라서 1년간 받게 되는 총 배당금은 47만4800원이다.

우리금융지주가 2023년 결산배당을 2024년에 주면서 배당금의 액수가 더 늘어난 이유도 있지만, 이를 제외하더라도 40만 원에 가까운 배당금을 받을 수 있다. 만약 2024년 2분기 이후 주당배당금이 1분기보다 오른다면 배당금은 더욱 늘어날 것이다. 편의상 주가변동과 세금 등 변수를 제외하고 계산했지만 1년의 투자만으로 적금과 배당투자에서 얻을 수 있는 수익만 놓고 볼 때 약 20만 원의 차이가 난다.

미국 기준금리 인하가 본격화된다면 국내 금리도 낮아질 것이고, 따라서 예금이나 적금 이자도 지금보다 낮아질 수밖에 없다. 하지만 배당금은 갈수록 보유 주식 수가 늘어나면서 점차 받을 돈이 늘어나게 되는 '복리 효과'가 있다. 결국 똑같은 돈을 투자했는데 해가 지날수록 이자 격차는 커질 수밖에 없는 구조다.

'주식투자=쪽박'이라고?

최근 들어서 반기배당, 분기배당은 물론 월배당을 주는 기업이 늘어나고 있다. 과거에는 대부분의 기업들이 연말배당을 했기 때문에 연말 주주명부폐쇄기간을 앞두고 배당투자에 나서는 경향이 강했다. '찬바람이 불면 배당주'라는 공식이 생긴 것도 이러한 영향이 컸다. 하지만 배당의 중요성이 커지면서 늘어나는 반기배당, 분기배당 등으로 인해 '벚꽃배당'이라는 신조어까지 생길 정도로 기업의 배당은 늘어나는 추세다.

당장 눈앞에 보이는 이익을 잡기 위해 흔히 말하는 테마주 투자에 나서거나 특별한 투자 기준 없이 그때그때 '핫'한 주식에 투자하는 것은 배당투자에 적합하지 않다. 주가변동성이 큰 테마주 투자를 따르기보다 원금 손실 가능성이 적은 묵직한 종목을 선별하고 은행 예금 이자처럼 꾸준히 나오는 배당금을 '꼬박꼬박' 받는 것이 배당투자에 접근하는 가장 기본적인 준비 자세다.

어차피 배당투자는 복리 효과로 인해 장기로 할수록 유리하다. 일반적으로 배당을 주는 종목들의 장기 주가 흐름을 보면 우상향하는 경향이 있다. 따라서 꼼꼼하게 종목을 선별하고 장기투자로 묻어둔다면 배당금으로 노후 대비를 하는 것도 충분히 가능하다.

'주식투자=쪽박'이라는 선입견에 사로잡혀서 예금이나 적금보다 높은 수익을 낼 가능성이 큰 배당투자를 아예 투자 포트폴리오에서 배제하지는 말자. 주식을 '투기'처럼 하는 것이 아니라 장기적으로 꾸준히 '투자'한다면, 하루하루의 주가 등락에 일희일비하지 않고 들어온 배당금을 보며 미소 짓는 나를 볼 수 있을 것이다.

배당으로 7조 원을 번 워런 버핏

◇◇◇

워런 버핏은 배당으로만 1년에 7조 원을 넘게 벌었다. 물론 버핏은 투자금 자체가 많았기 때문에 일반 투자자들이 배당으로 그만큼의 금액을 벌기는 쉽지 않다. 하지만 '투자 귀재의 투자법'을 참고하는 것은 투자 계획을 짜는 데 도움이 될 것이다.

◇◇◇

어떻게 투자했기에 '투자 귀재'로 등극했을까?

● 버크셔 해서웨이의 회장인 워런 버핏은 매년 주주들에게 정성스러운 주주서한을 남기는 것으로 유명하다. 최근 주주서한 중에서는 버핏의 오랜 사업 파트너인 찰스 멍거의 어록을 소개했는데, 그중 특히 배당투자에 참고할 만한 부분이 있어 소개한다.

"세상은 어리석은 도박꾼들로 가득 차 있으며, 이들은 인내심 있는 투자자만큼 좋은 성과를 올리지 못할 것이다."

"투자에서 100% 확실한 기회는 없기 때문에 레버리지 사용은

2024년 버크셔 해서웨이 주주총회 안내문

출처: 버크셔 해서웨이 홈페이지

위험하다. 높은 수익을 연달아 올려도 한 번 제로(0)를 곱하면 결국 0이 된다. 두 번 부자가 될 수 있을 것이라고 기대하지 마라."

언론을 떠들썩하게 달궜던 버핏의 2023년 배당주 수익은 한국 돈으로 무려 7조 원이 넘었다. 버핏이 이끄는 버크셔 해서웨이는 배당투자를 적극적으로 하는 곳으로 유명하다. 그런 버크셔 해서웨이가 주로 투자를 한 대표적인 기업은 코카콜라와 애플, 뱅크오브아메리카(BoA), 크래프트 하인즈, 아메리칸 익스프레스 등이다.

버핏은 매년 배당수익으로 조 단위의 돈을 챙기고 있고, 여기에 투자한 기업의 주가가 상승한다면 주가 상승분까지 추가로 챙길 수 있다. 어떻게 보면 버핏의 투자관은 매우 단순하다. 오래 투자할 만한 안정적인 기업을 고르고, 거기에 배당까지 준다면 '금상첨화'다.

배당투자의 기본은 '버핏 같은 투자'

최근 일본 증시 상승과 함께 버핏의 투자관이 틀리지 않았다는 것이 확인되었다. 버핏은 지난 2020년 미쓰비시상사, 미쓰이물산, 이토추상사, 스미토모상사, 마루베니 등 일본 5대 종합상사 지분을 각각 5%씩 취득했다. 이후 꾸준히 투자 지분을 늘리면서 2023년 기준 지분을 9%까지 늘렸다.

2024년 일본 증시가 본격적인 랠리를 보이기 전에도 이에 따른 미실현 이익이 80억 달러(약 10조 원 이상)에 이르는 것으로 알려졌다. 2024년은 이 규모가 더욱 커졌을 것이라는 추측이 가능한 대목이다. 버핏은 일본 주식이 랠리를 보이기 전에 이들 주식을 매집하기 시작했는데도 흔들리지 않았다. 그만큼 본인의 투자에 자신이 있었고 믿음이 있었기 때문이다.

배당투자의 기본은 바로 배당금만 보고 무작정 투자하지 않는 것이다. 그렇기 때문에 주가가 생각만큼 오르지 않아도, 남들이 매도에 나서도 우직하게 그 주식을 보유할 수 있는 것이다. 이는 결국 내 주머니에 수익으로 돌아올 가능성이 높다.

우리가 버핏만큼 큰돈을 가지고 투자하기는 어려워도 버핏처럼 할 수는 있다. 버핏의 투자 철학은 배당투자에서 우리가 기본적으로 가져가야 할 최고의 길잡이인 셈이다.

배당과 형제,
가치투자 정공법

손실을 최소화하는 투자는 모든 주식투자자들이 꿈꾸는 투자다. 이런 투자에 가장 적합한 것이 가치주에 대한 투자다. 테마주에 투자하는 것처럼 높은 수익을 낼 수는 없지만 그만큼 안전하게 주식투자를 할 수 있는 방법이다.

가치투자란 무엇일까?

위대한 투자자인 워런 버핏의 투자 철학을 공부하다 보면 결국 필연적으로 마주하게 되는 투자가 바로 '가치주에 대한 투자'다. 배당투자를 찾다 보면 형제처럼 따라 나오는 투자법 역시 가치주 투자이기도 하다.

가치투자는 한때 국내 주식에서도 굉장히 주목받았던 방식이다. 말 그대로 '가치 있는 주식을 찾아서 투자하는 방식'을 말한다. 가치 있는 주식을 고르는 기준에는 투자자마다 차이가 있지

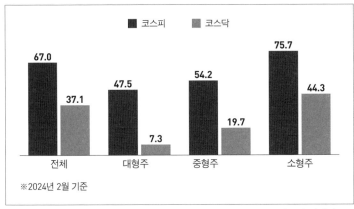

코스피와 코스닥 내 PBR 1배 미만 기업 비중(단위: %)

■ 코스피 ■ 코스닥

전체: 67.0 / 37.1
대형주: 47.5 / 7.3
중형주: 54.2 / 19.7
소형주: 75.7 / 44.3

※2024년 2월 기준

출처: 에프앤가이드·NH투자증권 리서치본부

만 그만큼 좋은 기업을 찾아서 오랜 기간을 투자한다는 기본적인 투자 철학은 같다.

일반적으로 가치주와 배당주를 묶어서 보고, 성장주를 이와 비교되는 개념으로 여긴다. 기업이 본질적으로 가지고 있어야 하는 가치보다 저평가되어 있는 주식을 가치주라고 본다. 소비재업종, 금융업종, 통신업종 등이 대표적인 가치주로 꼽히며, 반대로 2차전지나 바이오 등 현재 사업성은 낮지만 앞으로 성장에 대한 기대가 큰 주식을 성장주라고 한다.

가치주를 선별할 때 주로 보는 것이 주가순자산비율(PBR)이다. PBR은 주가를 주당 순자산 가치로 나눈 값을 말한다. 즉 기업의 순자산이 1주당 몇 배에 거래되고 있는지를 나타내는 지표다. PBR이 1배면 기업의 가치가 시장 평가 가치와 같다는 뜻이고, PBR이 1배 이하면 현재 기업 가치보다 시장 평가가 낮게 평가된 저평가 상태라고 본다.

─ 가치투자의 기본인 '장기투자'

가치주의 기본은 장기투자다. 현재 시점에서의 시장 평가가 아닌 기업이 본질적으로 가지고 있는 가치를 믿기 때문이다. 현재는 저평가되어 있지만 기업 자체의 가치가 좋은 곳이라면 투자 기간을 길게 놓고 볼 때 결국 주가는 상승할 수밖에 없다. 주가가 크게 오르지 않더라도 최소한 주가가 추락하거나 기업이 망할, 즉 상장폐지를 당할 일도 희박하다.

저평가 PBR주 중에서 실적과 앞으로의 전망 등을 따져봤을 때 기본 체력이 탄탄한 기업이라면 투자 리스트에 올려놓아도 좋다. 이런 기업이 배당까지 많이 준다면 금상첨화다. 오랜 기간 투자하면서 주가는 오르고, 이 과정에서 배당까지 챙길 수 있기 때문이다.

배당투자처를 선별할 때 '저평가 배당주'를 중심으로 찾는 것은 배당투자의 가장 기본이다. 일반적으로 가치주와 배당투자를 형제처럼 함께 묶는 이유다.

국내 대표적인 가치주이자 배당주는 금융주와 통신주가 대표적이다. 금융주나 통신주의 경우에는 주가변동성이 크지 않은 데 비해 배당수익률이 높은 편이다. 배당투자가 처음이라 종목을 고르기 어렵다면 우선은 금융주나 통신주를 위주로 접근하는 방법도 고려해보자.

주식을 샀는데
돈이 들어왔다

주식을 사는데 왜 배당이라는 형태로 돈을 돌려주는 것일까? 배당은 이미 수백 년 전부터 시작됐다. 회사를 믿어준 투자자에 대한 고마운 마음과 함께 앞으로도 투자를 지속해주길 바라는 마음 등을 담아 이익 중 일부를 투자자에게 돌려주는 개념이다.

배당이란 무엇일까?

본격적으로 배당이 무엇인지 알아보자. 배당이란 주식을 가지고 있는 주주들에게 해당 기업이 이익 중 일부를 돌려주는 것을 말한다. 내가 A라는 기업의 주식을 사서 보유하고 있다면 가지고 있는 주식 수에 비례하여 A기업의 이익 중 일부를 배당이라는 이름으로 돌려받을 수 있다. 흔히 배당을 많이 주는 기업의 주식을 '배당주'라고 부른다.

배당의 종류는 현금배당과 주식배당, 현물배당으로 나눌 수 있다. 현금배당은 기업의 당기순이익이나 이익잉여금에서 일부를 현금의 형태로 주주에게 나눠주는 것을 말한다. 쉽게 말해 장사해서 남긴 이익 중 일부를 투자자들에게 돈으로 돌려주는 형태다. 주식배당은 현금이 아닌 주식으로 돌려주는 것을 말한다. 남은 이익으로 신규 주식을 발행해서 기존 주주들에게 나눠주기 때문에 기업의 입장에서는 자본금이 늘어나는 효과가 있다. 현물배당은 기업이 이미 가지고 있는 자사주(자본금과 자본잉여금) 중 일부를 주식으로 나눠주는 것을 말한다.

  일반적으로 배당을 받는다고 한다면 현금배당을 말한다. 기업의 배당금 대부분이 현금배당이기 때문이다. 현물배당은 최근 몇 년 사이에 눈에 띄게 많아지고 있다. LG화학과 LG에너지솔루션으로 인해 유명해진 일명 '쪼개기 상장'으로 불리는 물적분할 후 재상장에 따른 주주보상책으로 현물배당이 등장하였기 때문이다.

배당의 역사를 알아보자

배당은 언제부터 시작된 것일까? 일반적으로 네덜란드 동인도회사(VOC, Vereenigde Oostindische Compagnie)를 배당의 시작으로 언급한다. 네덜란드 동인도회사는 네덜란드에서 인도, 동남아시아 지역으로 진출하기 위해 1602년에 설립된 다국적 기업으로, 주식을 처음으로 발행한 최초의 주식회사다. 이 회사는 네덜란드에서 동남아시아 지역으로 무역을 하고 싶었지만, 선박과 현지에서 물류를 받아줄 만한 거점이 필요했다. 이를 구축하기 위해서 대규모의 자금이 필요했는데, 가족이나 지인이 아닌 불특정 다수로부터 투자를 받아서 사업을 확장하거나 이익을 나누게 되었다.

이를 문서로 기록하면서 현재 '주식'의 개념으로 볼 수 있다. 주주들로부터 투자금을 받아서 기업 운영 자금을 조달하는 '주식회사'의 개념이 여기서부터 시작된 것이다. 투자금을 장기적으로 모으기 위해서는 투자금을 받은 주주들에게 이익의 일부를 나눠주는 일종의 당근이 필요했다. 여기서부터 '투자를 받아서 이익을 나눈다'는 배당의 개념이 자리 잡기 시작했다. 즉 최초의 배당 역시 회사에 이익이 났을 경우에 투자자에게 투자지분을 대비해서 이익의 일부를 돌려주는 개념이었다.

투자의 동반자인 '시간과 인내'

배당주에 투자하기로 했다면 조금은 느긋하게 오랜 시선으로 주가를 바라보는 마음이 중요하다. 배당투자는 그 기업의 성장 가능성을 믿고 긴 호흡으로 지켜보기로 했다는 말이기 때문이다.

배당에 주목해야 하는 이유

주식이라는 단어를 들었을 때 가장 흔하게 하는 생각은 '대박 아니면 쪽박'이다. 주변에서 주식투자로 억 단위의 돈을 벌었다는 사람의 이야기와 반대로 주식에 투자해서 인생이 나락으로 떨어졌다는 사람의 이야기를 흔하게 들었다. 그렇기 때문에 우리나라에서 주식투자로 노후를 대비한다는 말은 곧 남은 인생을 말아먹겠다는 말과 비슷하게 여긴다.

국내에서 '노후자금으로 주식투자=인생 나락의 지름길'로 통하는 이유는 간단하다. 국내 주식투자자들의 상당수가 주식투자로 단기간에 몇 배의 수익을 원하기 때문이다. 주위 사람들에게 '증권부 기자를 하고 있다'고 말하면 '그래서 어떤 종목에 투자해야 해요?'라는 말을 가장 많이 듣는다. 당장 기자인 저자조차도 취재원들을 만나면서 '그래서 어떤 종목이 좋아요?'라는 질문을 빼놓지 않는다.

하지만 이런 투자 방식은 성공하기 쉽지 않다. 지금까지 무수히 많은 투자자들이 이와 같은 방법으로 주식투자를 했기 때문에 주식에 대한 부정적인 인식이 생긴 것이다. 이 투자 방법으로 성공한 사람이 그만큼 드물다.

주식은 정말 '모 아니면 도'인 투자처일까? 주식투자를 통해 원금 손실 위험을 최대한으로 줄이면서 안정적인 수익을 꾸준하게 가져갈 수 있는 방법은 없을까? 만약 주식을 샀는데 주가변동성이 크지 않고, 은행 이자율보다 높은 수준의 돈이 꾸준하게 들어온다면 노후 대비를 주식으로 한다는 말도 실현 가능하지 않을까?

주식을 투기가 아닌 투자로 생각한다면, 예측 가능한 수익을 돌려주는 안정적인 투자처로 두고 싶다면, 그 누구보다도 배당에 주목해야 하는 충분한 이유가 될 것이다.

배당투자는 '기업 가치'에 대한 투자

배당투자를 단순히 배당금을 받기 위한 투자라고 보면 곤란하다. 뒤에서 자세히 살펴보겠지만 배당이라는 것은 기업이 돈을 벌고 남은 이익을 주주들에게 나눠주는 것을 말한다. 따라서 배당금을 줄 수 있는 기업이라는 말은 이익을 내고 있는 기업이라는 뜻이 된다. 뿐만 아니라 이 이익을 회사의 주인인 주주들에게 돌려주는, 그만큼 주주를 신경 쓰는 회사라는 의미도 된다.

배당투자라는 것은 그 기업의 가치에 투자한다는 말과 같다. 기업의 가치는 고려하지 않은 채 단순히 배당금이 높은 기업만 찾아서 투자하는 것은 올바른 배당투자라고 할 수 없다. 배당투자를 하기 위해서는 무엇보다도 '배당금을 주는 좋은 기업'을 선별하는 능력이 중요하다.

잠깐 흔들리더라도 결국은 제자리를 찾을 수 있는 묵직한 기업을 찾아서 투자하고, 거기에 추가로 배당수익까지 얻는 것! 그것이 바로 배당투자의 본질이다.

1분 1초마다 HTS를 켜면서 순간의 수익률을 확인하는 조급함을 버리고 꾸준히 투자한다면 어느새 불어난 통장 잔고가 자연스럽게 따라올 것이다. 돈이 내 주인이 아닌, 내가 돈의 주인이 되는 투자 마인드가 배당투자에 필수적으로 필요한 재료다.

주식을 샀는데 꼬박꼬박 돈이 들어온다면?

돈도 들어오는데 주가도 오른다면?

배당주에 투자하고 싶은데 배당금은 어디서 확인하지?

배당금은 어디서 받지?

배당수익률, 배당락 등 필수적으로 알아야 하는 배당 관련 용어들은 무엇일까?

CHAPTER 2

안전한
돈 복사
'배당'의 마법

배당의 개념은 '꼬박꼬박'이다. 주식을 사면 배당기준일에 맞춰 가지고 있는 주식 수에 비례해서 배당금이 들어온다. 그런데 이 배당금이 얼마인지 어디서 확인하고, 어디로 받아야 하는지, 배당을 좀 더 많이 받을 수 있는 주식은 무엇인지 등 궁금한 것이 많을 수밖에 없다. 배당투자를 결심했다면 우선 배당과 관련된 기본 개념들을 챙겨보자.

배당,
어디서 어떻게 받을까?

배당은 주가 흐름에 긍정적인 소식이다. 실적이 다소 실망스럽더라도 배당이 늘어났다면 주가가 오르기도 한다. 기업이 배당을 언제 어떻게 하는지는 공시를 통해 알 수 있다. 배당금은 내가 보유하고 있는 주식 계좌로 들어온다.

배당이 늘면 주가는 오른다

2024년 5월 애플은 예상에 미치지 못하는 실적을 발표했다. 그럼에도 불구하고 장 마감 후 시간외매매에서 주가가 급등하는 현상을 보였다. 실적 실망감에도 애플의 주가를 끌어올린 힘은 바로 배당을 중심으로 한 주주환원정책이었다. 기업이 배당을 늘리면서 이에 따라 주가가 상승하는 현상은 해외 사례까지 가지 않아도 국내에서도 쉽게 찾아볼 수 있다.

다음 기사에서 볼 수 있듯이 2023년 에이블씨엔씨는 역대급

높은 배당을 발표하자 주가가 급등했다는 내용의 기사

[특징주] 에이블씨엔씨, 역대급 배당에 급등…52주 신고가

[이데일리 김인경 기자] 역대급 배당을 의한 에이블씨엔씨(078520)가 장 초반 급등하고 있다.

15일 마켓포인트에 따르면 에이블씨엔씨는 오전 9시 9분 전 거래일보다 1970원 (18.39%) 오른 1만2680원에 거래중이다. 장 초반 25%대까지 오르며 52주 신고가를 세우기도 했다.

에이블씨엔씨는 전날 보통주 1주당 1270원의 현금배당을 결의했다. 시가배당률 이 13.5%로 배당 총액은 약 330억 원이다. 배당기준일은 내달 4일로 배당금은 같은 달 18일에 지급될 예정이다. 작년 코스피 보통주 평균 시가배당률이 2.7% 인 점을 감안하면 매우 높은 수준이다.

중간배당을 결정하면서 신고가를 기록하는 등 주가가 급등했다. 2024년 1월에는 증권주 주가가 동반으로 급등하면서 52주 신고 가를 갈아치우기도 했다. 증권주를 동반으로 끌어올린 원동력은 배당에 대한 기대감과 자사주 매입 등 주주환원이었다.

앞서 이야기했듯이 배당은 기업이 낸 이익 중 일부를 주주들 에게 돌려주는 것을 말한다. 이런 관점에서 본다면 배당을 늘리 는 기업은 이익이 배당을 감당할 수 있는 수준으로 늘어났다는 의미가 된다. 또한 이를 주주들에게 다시 돌려주는 방법을 선택 했다는 것은 기업이 그만큼 주주들을 신경 쓰고 있다는 뜻으로 해석할 수 있다.

물론 주가가 너무 떨어지면서 이를 방어하기 위해 무리하게 배당을 늘리는 경우도 있다. 하지만 배당이 늘어난다는 것은 긍정적인 측면으로 해석될 여지가 더 크기 때문에 결국 주가 상승으로 이어지는 경우가 많다.

⌐ 기업의 배당금이 궁금하다면

배당이 중요하다는 것을 충분히 이해했다면 어디서 어떻게 배당을 받을 수 있는지 알아보자. 우선 기업이 배당금을 얼마나 주는지를 알아보자.

기업들은 전자공시시스템(dart.fss.or.kr)을 통해 배당에 대해 공시한다. 통상 '주주가치 제고를 위해 현금배당을 결정했다. 보통주 1주당 200원, 배당주식 총 수는 1507만 주'라는 내용의 공시를 통해 공식화한다.

다음 그림은 실제로 현대자동차가 전자공시시스템을 통해 공시한 내용이다. 공시 내용에서 배당금을 얼마 받는지 알아보려면 1주당 배당금을 확인하면 된다. 공시 내용에 따르면 현대자동차는 분기배당으로 1주당 2000원의 배당금을 지급하기로 결정했다. 즉 내가 현대자동차의 주식 10주를 보유하고 있다면 분기배당을 통해 2만 원을 받을 수 있는 셈이다. 배당금은 내가 주식을 보유하고 있는 계좌를 통해 들어온다. 만약 내가 주식을 보유하고 있는 기간 동안 주가가 뛰었다면 그만큼의 주가 상승에 따른

현대자동차가 분기배당을 공시한 내용

현금·현물배당 결정

1. 배당구분		분기배당
2. 배당종류		현금배당
- 현물자산의 상세내역		-
3. 1주당 배당금(원)	보통주식	2,000
	종류주식	2,000
-차등배당 여부		미해당
4. 시가배당률(%)	보통주식	0.8
	종류주식	1.3
5. 배당금총액(원)		525,760,000,000
6. 배당기준일		2024-03-31
7. 배당금지급 예정일자		2024-05-14
8. 주주총회 개최여부		미개최
9. 주주총회 예정일자		-
10. 이사회결의일(결정일)		2024-04-25
- 사외이사 참석여부	참석(명)	7
	불참(명)	0
- 감사(사외이사가 아닌 감사위원) 참석여부		-
11. 기타 투자판단과 관련한 중요사항		
① 상기 3항의 종류주식은 우선주 전체 기준임. ② 상기 5항 및 아래 표의 배당금 총액은 백만 원 단위로 반올림한 금액임. ③ 상기 7항의 배당금지급 예정일자는 이사회 결의일로부터 20일 이내에 지급 예정임. ④ 당사의 감사위원회는 전원 사외이사로 구성되어 있음.		

수익률은 덤이다. 반기배당과 분기배당의 차이는 다음 장에서 자세히 다루겠다.

1년에 한 번 배당금이 들어오는 연말배당은 일반적으로 다음 해 2월 주당 얼마의 배당금을 지급한다고 공시를 통해 밝힌다.

삼성전자 분기보고서 공시 중 배당 관련 내용

[주요 배당지표]   (단위: 원, 백만 원, %, 주)

구분	주식의 종류	당기 제56기 1분기	전기 제55기	전전기 제54기
주당 액면가액(원)		100	100	100
(연결)당기순이익(백만 원)		6,621,030	14,473,401	54,730,018
(별도)당기순이익(백만 원)		9,737,437	25,397,099	25,418,778
(연결)주당 순이익(원)		975	2,131	8,057
현금배당금총액(백만 원)		2,452,154	9,809,438	9,809,438
주식배당금총액(백만 원)		-	-	-
(연결)현금배당성향(%)		37.0	67.8	17.9
현금배당수익률(%)	보통주	0.5	1.9	2.5
	우선주	0.5	2.4	2.7
주식배당수익률(%)	보통주	-	-	-
	우선주	-	-	-
주당 현금배당금(원)	보통주	361	1,444	1,444
	우선주	361	1,445	1,445
주당 주식배당(주)	보통주	-	-	-
	우선주	-	-	-

이후 3월 주주총회에서 최종 승인을 하고 4월에 배당금을 지급한다. 분기배당은 한 분기가 끝난 뒤 약 한 달 반쯤 지나면 배당금이 들어온다.

다음으로 주목해야 할 것은 시가배당률이다. 시가배당률은 배당수익률을 말하는데, 주가 대비 수익률을 지칭한다. 배당수익률이 높은 종목일수록 고배당주로 평가받는다. 현대자동차의 경우

공시가 올라오기 하루 전인 4월 24일 종가가 25만2500원이었다. 따라서 '2000원/25만2500원'을 한 값인 0.8%가 시가배당률인 것이다.

배당 관련 주요 지표로 배당성향을 빼놓을 수 없다. 배당성향이란 주당 배당금을 주당 순이익으로 나눈 값이다. 그해에 벌어들인 돈(이익)과 비교할 때 어느 정도를 배당으로 주었는지 알아볼 수 있는 지표다. 이 표에서 삼성전자의 제56기 1분기(2024년 1~3월) 배당성향은 주당 배당금 361원/주당 순이익 975원을 한 값인 37%다.

연말배당과
분기배당

국내 개인투자자들의 목소리가 커지면서 배당 규모를 늘리는 기업들이 늘어나고 있다. 배당은 배당금을 지급하는 시기에 따라 1년에 한 번인 연말배당, 6개월마다 한 번인 반기배당, 3개월마다 한 번인 분기배당 등으로 나뉜다.

국내 배당주가 배당을 늘리는 이유

배당은 전적으로 기업이 결정한다. 과거만 해도 국내 기업들은 배당에 인색했다. 기업 입장에서는 주주들에게 나가는 지출 성격의 자금이기 때문이다.

하지만 최근 들어서는 분위기가 달라지고 있다. 우선 기업 실적이 개선되었다. 지난 2019년 이후 코로나19로 인해 기업 활동이 위축되면서, 특히 수출 기업 비중이 높았던 국내 기업 실적도 함께 고꾸라졌다. 하지만 엔데믹(전염병의 풍토병화) 이후 기업 활

2024년 2분기 예상 중간배당 기업 리스트(코스피 200)

배당 예상업체	시가총액 (십억 원)	주가(원)	2분기 예상 배당수익률(%)	20.2Q 예상 DPS(원)	23.2Q DPS(원)
삼성전자	484,746	81,200	0.44	361	361
SK하이닉스	169,989	233,500	0.13	300	300
현대차	59,998	286,500	0.70	2,000	1,500
KB금융	31,837	78,900	0.99	784	510
POSCO홀딩스	31,545	373,000	0.67	2,500	2,500
NAVER	27,268	167,900	0.27	450	415
신한지주	23,610	46,350	1.17	540	525
현대모비스	22,505	242,000	0.41	1,000	1,000
LG전자	17,674	108,000	0.46	500	0
하나금융지주	17,249	59,000	1.02	600	600
SK	12,231	167,100	0.90	1,500	1,500
KT&G	11,260	86,400	1.39	1,200	1,200
SK텔레콤	10,997	51,200	1.62	830	830
우리금융지주	10,500	14,140	1.27	180	180
고려아연	10,269	496,000	0.50	2,500	10,000
SK케미칼	880	51,000	0.78	400	400
GKL	794	12,840	0.78	100	0
KT	9,174	36,400	1.37	500	0
S-Oil	7,644	67,900	0.29	200	200
CJ제일제당	5,961	396,000	0.25	1,000	1,000
HD현대	5,530	70,000	1.29	900	900
두산밥캣	5,313	53,000	1.51	800	800
삼양식품	5,070	673,000	0.22	1,500	1,000
LG유플러스	4,266	9,770	2.56	250	250
JB금융지주	2,721	13,950	0.75	105	120
한온시스템	2,680	5,020	1.79	90	90
BNK금융지주	2,586	8,030	1.25	100	100
KCC	2,488	280,000	0.36	1,000	1,000
한샘	1,290	54,800	1.37	750	1,500
영원무역홀딩스	1,107	81,200	1.97	1,600	1,600

출처: Dart, IBK투자증권

동도 기지개를 펴기 시작했고, 무엇보다 반도체 업황이 나아졌다. 배당은 결국 기업의 이익을 나누는 것이기 때문에 기업 곳간이 넉넉해야 배당으로 뿌려질 실탄도 늘어날 수 있다.

국내에 급격하게 늘어난, 일명 '동학개미'로 불리는 주식투자자들의 커진 목소리도 배당투자에 주목해야 하는 이유 중 하나다. 국내 주식시장에서 존재감을 키운 개인투자자들을 기업도 더 이상 외면할 수 없게 되었다.

여기에 일부 사모펀드들이 행동주의 펀드라는 이름으로 기업의 가치를 올리기 위해, 즉 주가를 올리기 위해 기업들에게 배당을 포함한 주주환원정책 시행을 압박하면서 배당주를 더욱 매력적으로 만들고 있다.

최근 정부가 의욕적으로 추진하는 '밸류업 프로그램' 역시 기업 가치를 높이기 위한 정책이고, 이는 결국 배당을 포함한 주주환원정책의 강화로 이어질 수밖에 없다.

연말배당, 반기배당, 분기배당

기업들도 움직이기 시작했다. 일반적으로 1년에 한 번씩 배당을 주는 연말배당이 배당의 주요 형태였지만, 최근 들어서는 반기에 한 번씩 주는 반기배당, 심지어는 분기마다 배당을 주는 분기배당까지 심심치 않게 볼 수 있다.

앞에서 살펴본 대표적인 분기배당이 현대자동차다. 현대자동차는 2023년 2분기부터 분기배당을 시작했다. 분기배당이란 말 그대로 분기마다 배당을 주는 것을 말한다. 일반적으로 연말 결산기에 발생한 이익을 근거로 배당을 하는 정기배당과 달리, 결산기 중간인 분기나 반기 결산 시기에 배당을 실시하는 것이 중간배당이다.

삼성전자는 대표적으로 분기배당을 하는 기업이다. 매 분기마다 배당을 하기 때문에 1년에 네 번의 배당금을 받을 수 있다. 금융지주도 분기배당을 하는 곳으로 유명하다. 다만 분기배당은 배당금의 규모가 크기보다는 분기에 한 번씩 최소한 배당을 줄 수 있다는 뜻으로 해석하는 것이 바람직하다. 분기마다 배당을 챙겨줄 수 있을 정도로 회사의 유동성이 넉넉하며, 이를 주주들에게 자주 돌려줄 수 있을 정도로 주주친화적인 기업이라고 보면 된다.

배당기준일과
배당락

특정 기준일에 주식을 가지고 있는 주주들에게 배당금을 지급하는데 이 기준일이 배당기준일이다. 주주명부가 확정된 배당기준일 다음 날을 배당락일이라고 하는데, 이때 주식을 파는 사람들로 인해 주가가 일시적으로 하락하는 경우가 많다.

배당기준일과 배당락은 무엇일까?

배당을 이야기할 때 꼭 알아야 할 개념이 또 있다. 바로 배당기준일과 배당락이다. 배당 시즌을 앞두고 며칠까지 주식을 사야 한다는 기사나 배당락일을 맞아 주가가 하락했다는 기사를 보았을 것이다.

주식은 거래 시간 내에 언제든지 쉽게 사고팔 수 있다는 특징이 있다. 따라서 어느 기업이든 상장한 기업이라면 주주가 매일 또는 매 시간마다 바뀌기도 한다. 배당금은 그 기업의 주식을 소유하고 있는 주주에게 지급한다. 그런데 이렇게 매번 바뀌는 주주들에게 모두 배당금을 줄 수는 없다. 따라서 기업 입장이나 주주 입장에서도 배당금을 지급할 기준을 만들어야 한다. 그래서 생긴 개념이 '배당기준일'이다. 쉽게 말해 특정한 기준일에 주식을 가지고 있는 주주에게는 배당금을 준다는 소리다.

연말배당을 하는 기업을 기준으로 배당기준일은 매년 마지막 주식거래일이다. 하지만 주식 매매가 주문하고 이틀 뒤에 체결된다는 것을 고려해야 한다. 그렇기 때문에 배당을 받기 위해서는 마지막 주식거래일보다 2거래일 전에는 주식을 매수해야 한다. 2023년을 예로 들면 마지막 거래일이 12월 28일이었던 것을 감안할 때 2거래일 전인 26일 장 종료 전까지는 주식을 매수해야 배당금을 받을 수 있다.

최근 늘어나고 있는 분기배당 종목의 경우에는 배당기준일은 매 분기 마지막 거래일이다. 마지막 거래일보다 2거래일 전에 주식을 매수해야 분기배당을 받을 수 있다. 즉 2024년을 기준으로 하면 1분기의 마지막 거래일인 3월 29일의 2거래일 전인 27일까지 주식을 매수해야 분기배당을 받을 수 있는 것이다.

배당기준일 전에 주식을 샀다면 배당을 받을 수 있는 주주명부가 확정된다. 2023년의 예를 들어서 만약 12월 26일에 주식을 사면 배당금을 받을 수 있다. 하지만 다음 날인 27일에 주식을 사면 아무리 많은 수의 주식을 샀더라도 배당을 받을 수 없다. 이

PART 1 시간을 즐기는 배당투자, 당장 시작하라

처럼 주식을 사더라도 배당을 받을 수 없는 날이 바로 '배당락일'
이다.

┌ 배당락일이 중요한 이유

● 배당락일이 중요한 이유는 배당락일에 대부분 배당주의 주가
가 하락하기 때문이다.

배당락일에 주가가 하락하는 것은 배당수익을 노린 투자자들
이 주주명부 확정까지 기다렸다가 주식을 팔기 때문이다. 배당을
노리고 막차를 타려는 투자자들로 인해 배당기준일에 매수가 몰
리고, 다음 날인 배당락일에 매도에 나서는 경우가 많다. 배당에
대한 기대감으로 주가가 오른 만큼 이 요인이 사라지면서 주가
가 할인을 받는 것이다.

하나은행의 배당락 관련 언론기사

[특징주] 하나투어, 배당락에 7%대 약세

[이데일리 김인경 기자] 올해 역대급 배당을 결의한 하나투어(039130)가 배당락
효과에 1일 장 초반 7%대 약세를 보이고 있다.

마켓포인트에 따르면 하나투어는 전 거래일보다 4700원(7.29%) 내린 5만9800
원에 거래중이다.

앞서 하나투어는 29일 서울 종로구 하나투어 본사에서 제31기 정기주주총회
를 열고, 2일 기준 1주당 5000원을 현금배당하기로 했다. 배당금 총액은 774억
4966만 원이고, 중간배당을 포함한 시가배당률을 7.8%다.

배당락일에 주가가 하락한다고 해서 크게 염려할 필요는 없다. 일반적으로 배당락일에 주가가 하락해도 다시 회복되는 경향이 크기 때문이다. 뿐만 아니라 2023년부터 금융위원회는 투자자들이 상장사 배당금을 확인하고 투자를 결정할 수 있도록, 즉 배당액을 확정한 뒤 배당기준일을 정하도록 배당절차 개선안을 마련했다. 따라서 상당수 기업이 결산배당에 대한 배당기준일을 한 해 뒤 주주총회 이후로 정하도록 정관을 변경하면서 예전과 같은 '배당락일 충격'은 점차 사라질 것으로 보인다.

배당을 많이 주는
'우'는 무엇일까?

◇◇

종목 뒤에 '우'가 붙었다면 우선주다. 우선주는 일반적으로 주식을 말하는 보통주보다 배당을 더 주지만 대신 의결권이 없다. 보통주보다 거래량도 적어 주가변동성도 큰 편이다. 배당금만 보고 투자했다가 낭패를 볼 수 있으니 주의해서 투자해야 한다.

◇◇

배당을 많이 주는 '우선주'

주식투자를 위해 종목을 보다 보면 종목의 가장 뒤에 '우'가 붙는 경우가 있다. 삼성전자만 해도 '삼성전자'와 '삼성전자우'가 있다. '우'가 붙는 종목의 의미는 무엇일까?

일반적으로 주식을 말할 때는 보통주를 말한다. 삼성전자처럼 뒤에 아무것도 붙지 않는 종목의 경우는 보통주다. 뒤에 '우'가 붙은 주식은 우선주다. 우선주는 말 그대로 '우선' 하겠다는 것인데, 특히 배당을 더 주겠다는 말이다.

LG생활건강 분기보고서 공시 중 배당 관련 내용

[주요 배당지표]

구분	주식의 종류	당기 제24기 1분기	전기 제23기	전전기 제22기
주당 액면가액(원)		5,000	5,000	5,000
(연결)당기순이익(백만 원)		106,558	142,755	236,572
(별도)당기순이익(백만 원)		59,202	389,709	76,951
(연결)주당 순이익(원)		6,358	8,513	14,112
현금배당금총액(백만 원)		-	58,751	67,129
주식배당금총액(백만 원)		-	-	-
(연결)현금배당성향(%)		-	41.2	28.4
현금배당수익률(%)	보통주	-	1.0	0.6
	우선주	-	2.2	1.3
주식배당수익률(%)	보통주	-	-	-
	우선주	-	-	-
주당 현금배당금(원)	보통주	-	3,500	4,000
	우선주	-	3,550	4,050
주당 주식배당(주)	보통주	-	-	-
	우선주	-	-	-

LG생활건강을 예로 들어보자. 위 표는 LG생활건강 분기보고서 공시 중 배당과 관련된 내용이다. 공시에 따르면 LG생활건강은 2023년 보통주에는 주당 3500원, 우선주에는 3550원의 현금배당을 결정했다. 배당수익률도 보통주는 1%, 우선주는 2.2%다. 5월 24일 종가 기준 LG생활건강 주가는 45만4500원, LG생활건강우 주가는 18만6100원인 것을 고려하면, 우선주는 주가도 더

싼데 배당금은 더 많이 받을 수 있는 것이다. 다만 우선주는 배당을 더 받는 대신 의결권이 없다. 의결권은 주주총회 안건에 찬성하거나 반대할 수 있는 권리를 말한다.

우선주에 투자할 때 주의할 점

보통주보다 적은 우선주의 거래량도 고려해야 한다. 유동성이 적으면 내가 원하는 가격에 주식을 사거나 파는 것이 어렵다.

한국거래소는 상장주식 수가 50만 주 이하인 우선주를 '상장주식수 부족 우선주'로 관리하고 있다. 현재 한화우선주, 동부건설우선주, 금호건설우선주 등이 이름을 올리고 있다. 이들 종목은 2개 반기 연속 월평균 거래량이 1만 주 미만이거나 상장주식수가 20만 개 이하로 내려갈 경우에는 상장폐지될 수 있다.

그뿐만 아니라 유동성이 적은 주식은 상대적으로 적은 거래에도 주가변동성이 커질 수 있다. 이 경우에는 전체 증시가 약세를 보일 때 주가 하락폭이 보통주보다 더욱 클 가능성이 높다. 이로 인해 주가 조작 세력의 먹잇감이 되기 쉽다는 점을 고려해야 한다.

무조건 배당금이 높다고 우선주에 투자하기보다는 투자하려는 우선주의 상장주식 수, 최근 평균 거래량 등을 따져보고 거래가 원활하고 주가변동성이 상대적으로 낮은 편인 우선주를 선별하는 것이 바람직하다.

주주총회,
직접 보고 싶다면

주식을 가지고 있으면 그 회사의 주인이 되는 것이라는 이야기를 한다. 주식에 투자한 만큼 회사 경영에 참여하고 싶고 내 목소리를 내고 싶다면 주주총회에 대해서 정확하게 알아야 한다.

주주총회란 무엇일까?

주주총회는 기업의 주주들이 모여서 회사에 대한 중요한 내용을 결정하는 의사결정 회의를 말한다. 결산시기마다 정기적으로 여는 정기총회와 필요에 의해 수시로 여는 임시총회가 있다. 정기총회는 주로 연말 결산에 대한 승인, 배당 등에 대한 결의가 이뤄진다. 임시총회는 영업 양도, 이사 해임 등 필요한 사안이 있을 때 수시로 열린다.

정기총회는 1년 결산을 승인하는 내용으로 열리다 보니 연간

3월 말 주주총회를 열기 위해 공고 공시를 내는 기업들

번호	공시대상회사	보고서명	제출인	접수일자
286	코 코스나인	[기재정정] 주주총회소집공고	코스나인	2024.03.15
287	코 퀀텀온 IR	주주총회소집공고	퀀텀온	2024.03.15
288	코 클리노믹스 IR	주주총회소집공고	클리노믹스	2024.03.15
289	유 한국철강	[기재정정] 주주총회소집공고	한국철강	2024.03.15

출처: 금융감독원 전자공시시스템(dart.fss.or.kr)

사업보고서 마감일인 3월 말에서 4월 초에 집중되어 있다. 주주 총회가 비슷한 날짜에 몰리기 때문에 주주들이 하루에 총회를 다 챙기는 것에 한계가 있으므로 이를 분산하기 위한 조치도 있다. 주주총회가 몰리는 날에 주주총회를 개최한다면 '주주총회집중일개최사유신고'를 공시해야 한다. 그럼에도 불구하고 대부분 기업의 주주총회는 3월 말에서 4월 초에 집중되고 있는 것이 현실이다.

주주총회는 주주총회 개최일 2주 전에 주주들에게 소집통보가 미리 이뤄진다. 주주총회의 일정은 공시 사이트에서 확인이 가능하다. 내가 주주로 있는 기업의 주주총회 소집공고가 게시되면 공시 사이트에서 안건을 확인하면 된다. 주주총회 소집공고 안에는 주주총회가 열리는 날짜와 시간, 장소, 주주총회 안건 등이 포함되어 있다.

┌ 주주총회에 참석하려면

주주총회 참석 자격은 배당을 받는 자격과 같다고 보면 된다. 전년 12월 말 주주명부가 폐쇄되기 전까지 주주명부에 이름을 올린 사람이라면 주주총회에 참석할 수 있다. 주식 보유 수량은 주주총회 참석 자격과 관계가 없다. 즉 1주라도 그 기업의 주식을 보유하고 있는 주주라면 주주총회에 참석할 수 있다.

주주명부가 확정된 이후 다음 해 초에 주식을 팔았어도 참석 자격이 주어진다. 반대로 이미 2023년 말 주주명부가 확정된 이후 그 다음 해 초에 처음으로 주식을 샀다면 그해 3월 열리는 주주총회에는 참석할 자격이 없다.

주주총회 전자투표 시스템

주주총회 개최 일정과 장소, 안건을 공시를 통해 확인한 뒤 신분증과 주주총회 참석장을 들고 해당 장소로 가면 된다. 혹시 현장 참석이 곤란하다면 온라인 중계도 있으니 이를 활용해도 된다. 온라인 중계는 코로나19로 대면 주주총회가 어려워지면서 도입된 방식인데, 상당수 기업이 이 방식을 도입했다. 이에 따라 의결권 행사도 직접 가지 않고 전자투표를 통해서 가능하다.

전자투표는 한국예탁결제원 시스템을 이용하면 된다. K-vote (evote.ksd.or.kr/) 사이트에서 주주정보를 등록한 뒤 상세 내역을 확인하고 안건별로 '투표행사' 버튼을 눌러 의결권을 행사할 수 있다. 주주총회 10일 전부터 전날까지 의결권을 행사할 수 있으며, 위임장을 수여하는 전자위임장으로 활용도 가능하다.

내 배당을 지켜주는
주주제안

소액주주라도 법령이나 정관에 따라 회사에 의견을 제시할 수 있다. 나와 같은 의견을 가진 여러 명이 모여서 목소리를 내면 된다. 최근에는 소액주주들이 모이기 편한 플랫폼들도 생겼다.

회사에 내 의견을 제시하고 싶을 때

주주총회 안건은 보통 이사회에서 결정하고, 주주는 여기에 대해서 찬성이나 반대표를 던질 수 있다. 그런데 주주총회에 참석해서 안건에 대한 표결에 참여하는 것만으로 뭔가 부족한 느낌이 들거나, 내가 회사에 투자한 돈만큼 원하는 목소리를 내고 싶다면 직접 회사에 의견을 제안할 수 있다. 이를 '주주제안'이라고 한다.

주주제안은 모두가 할 수 있는 것은 아니다. 의결권이 있는 발행주식 총 수의 100분의 3 이상에 해당하는 주식을 보유하고 있는 주주만 주주제안이 가능하다. 상장사의 경우는 주주제안을 하는 시점부터 6개월 전을 기준으로 의결권이 있는 주식을 보유하고 있는 사람만이 주주제안을 할 수 있다. 여기에도 조건이 붙는데, 발행주식 총 수의 1000분의 10(최근 사업연도 말 기준 자본금 1000억 원 이상 법인은 1000분의 5) 이상을 보유한 주주라면 주주제안을 할 수 있다.

그렇다면 소수 지분만 가지고 있는 경우에는 주주제안이 불가능할까? 그건 아니다. 주주제안은 단독이나 공동으로 할 수 있기 때문에 뜻이 맞는 소액주주들을 찾아서 공동으로 하는 것도 가능하다. 여기서 기억해야 할 것은 주주제안 제출 시한이다. 주주제안을 하고 싶다면 주주총회 6주 선에 서면으로 제안해야 한다.

커지고 있는 소액주주들의 목소리

아무 내용이나 주주제안이 가능할까? 정답은 '아니오'다. 주주제안 내용이 법령이나 정관에 위반된다면 주주제안이 불가능하다. 구체적으로는 주주총회에서 부결된 내용과 동일한 의안을 부결된 날부터 3년 내에 다시 제안하거나, 주주 개인의 고충과 관련한 내용이거나, 회사가 실현할 수 없는 사항 등이 이에 포함된다. 회사가 만약 제대로 된 절차를 거쳐서 내놓은 주주제안을 무시한다면 주주는 회사를 상대로 손해배상을 청구할 수 있다.

최근에는 소액주주들의 목소리가 커지면서 주주제안도 늘어나는 추세다. 한국기업지배구조원(KCGS)에 따르면 주주제안을 통해 상정된 안건은 2018년 89건에서 2021년 107건으로 증가했다. 이사 선임 및 해임이 가장 많았고, 배당 확대, 중간배당이나 분기배당 도입 요구 등도 상당했다. 내가 투자한 기업의 배당이 너무 적다는 생각이 든다면, 마음이 맞는 사람들을 모아 합리적인 수준 안에서 배당금을 늘리는 내용의 주주제안도 가능하다.

또한 소액주주들이 연대활동을 하는 경우도 늘어나고 있다. 소액주주들이 목소리를 함께 낼 수 있도록 하는 플랫폼인 '액트'나 '헤이홀더' 등은 가입자 수가 10만 명에 육박할 정도다. 이들 플랫폼은 마이데이터(본인신용정보관리)를 통해 주주 여부, 보유주식 수 등을 인증하는 방식으로 소액주주들이 하나의 목소리를 낼 수 있도록 돕는 역할을 하고 있다.

이에 따라 2024년에만 DB하이텍의 이사회 인원 8명 이하 제한 정관 변경 반대, 셀트리온과 셀트리온제약 합병 반대, 두산밥캣과 두산로보틱스 합병 반대 등 굵직한 의사결정 과정에 소액주주가 주도적으로 참여했다. 소액주주 간의 적극적인 연대 활동이 실제 기업 경영 활동에 영향을 주기 시작한 것이다.

배당을 늘리고 있는
국내 기업

기왕 주식에 투자한다면 비슷한 조건을 가진 기업들 중에서 배당을 많이 주는 기업을 선택하는 것이 당연하다. 배당에 대한 요구는 해가 갈수록 더욱 커지고 있다. 이를 의식한 국내 기업들도 배당을 늘리기 시작했다.

투자 판단의 중요한 기준, 배당

투자자 입장에서 배당은 중요한 투자 판단의 요인이다. 기업 입장에서도 배당은 무시할 수 없는 흐름이 되었다. 그 이유가 무엇일까? 국내 수많은 상장사 중에서 투자자들의 선택을 받을 수 있는, 다시 말해 기업이 투자금을 마련할 수 있는 방법 중 하나가 배당이기 때문이다. 동네 커피전문점의 예를 통해 생각해보자.

어떤 동네에 장사가 잘 되는 커피전문점이 있다. 나에게 여유 자금이 1억 원 있는데 이 돈을 이 커피전문점에 투자하고 싶다.

마침 이 커피전문점이 2호점을 내려고 한다. 나는 기꺼이 여유 자금 1억 원을 투자했고, 2호점은 1호점보다도 매출이 더욱 잘 나오기 시작했다. 나는 1억 원을 투자한 만큼 이 커피전문점의 경영에 관여할 권리가 있기 때문에 사장님을 만나 매달 커피값 할인과 매년 이익의 10%를 요구했다.

하지만 커피전문점 사장님은 신 메뉴 개발을 위한 자금이 필요하다면서 나의 요구를 거부했다. 그런데 어느 날 사장님의 자동차가 국산차에서 수입차로 바뀐 것을 확인했다. 얼마 뒤 사장님은 빌딩의 건물주가 되었다고 한다.

2호점과 비슷하게 매출이 좋은 옆 커피전문점에서 자신의 가게에 2호점과 동일하게 투자를 해주면 커피값 할인과 매년 이익의 10%를 돌려주겠다고 제안했다. 투자를 하는 내 입장에서는 같은 투자에 비슷한 이익을 내는 커피전문점이라면 이익의 일부를 나에게 돌려주는 곳을 선택할 수밖에 없다.

주식도 비슷하다. 국내에는 2023년 기준으로 유가시장(코스피)에만 총 799개의 상장사가 있다. 투자자 입장에서 기왕 주식투자를 한다면, 그리고 비슷한 주가와 비슷한 수준의 이익을 내는 곳이 있다면 그 기업의 성장성과 함께 배당 역시 고려할 수밖에 없을 것이다. 배당이 매년 이익의 일부를 주주에게 돌려준다는 것을 생각하면 더욱 그렇다.

┌─ 배당을 늘리는 국내 기업들

실제 한국거래소의 발표에 따르면 국내 코스피 상장사 중에서 배당을 하는 곳은 지난 2019년 528개사에서 2023년 558개사로 늘었다. 배당금 총액 역시 같은 기간 20조6903억 원에서 27조 4525억 원으로 늘어났다. 그리고 배당금 총액을 배당법인 수로 나눈 배당금 평균 역시 2019년 392억 원에서 2023년 492억 원으로 증가했다.

우리나라 기업들은 전통적으로 배당에 인색했다. 지금보다 성장 속도가 빨랐던 시기에는 이익이 생기더라도 배당보다 재투자를 해서 기업을 성장시키는 것이 주주들에 대한 보답이라고 생각하는 경향이 강했기 때문이다. 하지만 최근 들어서 해외투자자

연도별 코스피 배당 법인 및 배당금 규모

연도	법인수		배당금*	
	상장법인	배당법인(A)	총액(B)	평균(=B/A)
2019	761사	528사	206,903억 원	392억 원
2020	769사	529사	331,638억 원	627억 원
2021	779사	556사	286,107억 원	515억 원
2022	784사	557사	265,854억 원	477억 원
2023	799사	558사	274,525억 원	492억 원

※결산. 현금배당 기준(우선주 포함)

출처: 한국거래소

들이 늘어나고, 배당이 보편화된 해외 사례를 보면서 국내 주식에도 배당을 요구하는 목소리가 커지고 있다.

2024년 들어서는 정부에서 국내 주식시장의 '밸류업 프로그램'을 적극적으로 추진하면서 배당에 대한 요구는 더욱 높아지고 있다. 밸류업 프로그램에 대해서는 뒤에서 더 자세히 다룰 예정이다.

내가 투자한 기업,
역대 배당을 한눈에 보려면

배당투자를 위해서는 기업이 그동안 배당을 얼마나 줬는지를 찾아볼 필요가 있다. 그동안의 배당금 규모가 궁금하다면 기업 공시 홈페이지를 찾아보면 된다. 상장사 전체의 배당 정보도 알 수 있어서 배당투자에 참고하기 좋다.

배당을 늘리고 있는지 보고 싶다면

배당을 주는 기업을 선택할 때 중요한 것 중 하나가 배당을 언제부터 주기 시작했는지, 얼마를 줬는지 등 과거 배당과 관련한 자료다. Dart 사이트에 배당 관련 정보가 나와 있기는 하지만 배당과 관련한 정보만 따로 찾아보기는 쉽지 않다. 이럴 때 활용하기 좋은 곳이 한국거래소에서 관리하는 기업공시 홈페이지 카인드(KIND, kind.krx.co.kr)다.

이 홈페이지에는 상장기업의 주당 배당금, 배당성향, 총 배당

삼성전자의 최근 3년치 배당정보

금액 등 배당정보를 쉽게 찾아볼 수 있다. 홈페이지에 들어가서 '전체메뉴 → 상장법인상세정보 → 배당정보' 순으로 클릭하면 된다.

배당정보는 기준연도를 중심으로 최근 3년씩 볼 수 있다. 예를 들어 2023년을 기준으로 잡으면 2021년, 2022년, 2023년 이렇게 최근 3년의 정보가 나온다.

위의 자료는 삼성전자를 검색했을 때 나온 결과다. 삼성전자의 주당 배당금과 함께 총 배당금액은 물론 배당성향과 시가배당률까지 한눈에 볼 수 있다.

상장사 전체의 배당정보가 궁금하다면

KIND 홈페이지에서는 코스닥이나 코스피 전체 종목에 대한 배당금 정보도 조회할 수 있다. 역시 '상장법인상세정보 → 배당정보' 메뉴를 통해 볼 수 있다.

코스피 전체 종목에 대한 배당금 정보를 원한다면 시장구분에서 '유가증권'을 선택하면 되고, 코스닥 종목을 알고 싶다면 '코스닥'을 선택하면 된다. 기준연도를 중심으로 최근 3년치 정보까지 한 번에 조회가 가능하다. 결산월과 업종, 업종별 배당률, 주식배당인지 여부, 현금배당일 경우에는 주당 배당금을 비롯해 배당성향과 총 배당금액, 시가배당률까지 한눈에 볼 수 있다.

이 정보는 엑셀 파일로 다운로드가 가능하다. 만약 시가배당률이 높은 순서나 배당성향이 높은 순서, 주당 배당금이 높은 순서대로 기업을 알아보고 싶다면 엑셀 파일로 다운로드하여 원하는 순서대로 정렬해보는 것도 방법이다.

배당투자, 누구나 손쉽게 할 수 있다

신종코로나바이러스 감염증 이후 주식투자에 나선 서학개미들이 급증했다. 투자자들 중 이미 해외주식이나 다양한 ETF까지 섭렵해 하루에도 몇 번의 매매를 반복하며 수익률을 극대화하는 투자자도 있다. 하지만 대다수는 여전히 '삼성전자'나 '카카오'같이 많이 들어본 종목에 몰빵해놓은 투자자들이다. 이런 투자자에게 '배당투자'라는 말은 어려울 수도 있다. 하지만 배당투자는 오히려 손이 긴, 매매를 빈번하게 하지 않는 '묵묵이 투자자'들에게 유리하다. "전 주식 모르는데요?" 하며 어렵다고 생각하지 말고, 일단 배당주를 고르는 방법부터 차근차근 알아보자.

배당금만 보고 매수했는데 주가가 떨어진다면? 팔아야 할까. 버텨야 할까?

실제로 주는 배당이 얼마인지 알아보고 나서 주식을 살 수 있을까?

'먹튀'인 줄 알았던 행동주의 펀드는 정말 내 편이 맞을까?

CHAPTER 1

배당보다 선별이 중요한 이유

배당금이 높다고 무조건 좋은 배당주일까? 배당투자를 결정하면 무엇을 보고 종목을 골라야 하는 것일까? 배당은 기업이 남는 이익 중에서 나눠주는 것이기 때문에 무엇보다 튼튼한 기업을 고르는 것이 중요하다. 무조건 배당이 높은 종목을 선택한다면 막을 수 없이 흘러내리는 주가에 배당금보다 더 큰 손실을 입을 수도 있다. 배당주를 고를 때 배당금 규모만큼 중요한 요인들이 무엇인지 알아보자.

배당금은 받았는데 주가가 떨어진다면

배당금만 보고 투자한다면 큰코다칠 수 있다. 부진한 실적과 하락하는 주가를 방어하기 위해 배당금을 무리하게 늘린 경우도 상당하기 때문이다. 배당투자를 결정했다면 재무제표에서 기본적인 재무 상황을 꼼꼼하게 따져봐야 한다.

배당금이 들어와도 주가가 올라야 제맛

공부를 통해서 배당주가 무엇인지, 배당과 관련한 용어들이 무엇인지 나름대로 알게 되었다고 생각한 김개미 씨는 배당을 많이 주는 기업을 체크하고, 매수에 나서기로 했다. 때마침 한샘이 배당을 늘리고 있다는 기사를 접했다.

혹시나 하는 마음에 한샘의 역대 배당금을 찾아보니 지난 2022년 2분기만 해도 주당 400원이었던 배당금이 1년 뒤인 2023년 2분기에는 주당 1500원으로 껑충 뛰었다. 심지어 같은 해 3분기에

한샘 주가 추이

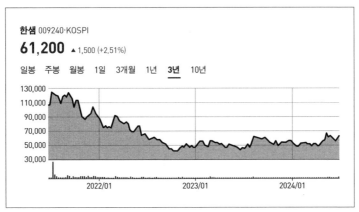

한샘 009240·KOSPI

61,200 ▲ 1,500 (+2.51%)

일봉 주봉 월봉 1일 3개월 1년 **3년** 10년

출처: 네이버 금융

2년 연속 손실을 기록한 한샘의 재무제표

(단위: 백만 원)

구분	제52기 1분기 (2024년)	제51기 (2023년)	제50기 (2022년)
매출액	377,765	1,487,720	1,539,820
영업이익(손실)	10,115	(6,350)	(25,623)
당기순이익(손실)	41,202	(53,603)	(61,762)
기본 주당 순이익(손실)(원)	2,482	(3,262)	(3,792)

는 주당 3000원으로, 배당금이 한 분기 만에 두 배 올랐다. 김개미 씨는 한샘 주식 풀매수에 들어갔다. 그런데 배당금은 챙겼지만 정작 한샘 주식은 영 힘을 쓰지 못했다.

아뿔싸 하는 마음에 한샘의 재무제표를 살펴본 김개미 씨는 뒷목을 부여잡을 수밖에 없었다. 한샘은 2022년에 순손실이 713억 원, 2023년에도 순손실 622억 원을 기록한 것이다. 무리하게 배당을 늘리는 기업은 투자할 수 있는 곳간이 그만큼 비게 되어 오히려 주가가 하락하는 경우가 발생할 수 있다. 무작정 배당금을 많이 주거나 매년 배당금을 높이는 기업을 선택해서는 안 되는 이유다.

오르는 주식을 고르는 법

김개미 씨와 같은 투자 실패를 겪지 않으려면 어떤 배당주를 선별해서 투자해야 할까? 답은 간단하다. 기업의 배당성향 등 배당과 관련한 내용도 봐야 하지만 그 외에도 기업이 지속적으로 성장하면서 배당을 꾸준히 줄 수 있는지, 즉 성장성까지 같이 봐야 한다.

따라서 배당주를 선별할 때는 배당성향과 함께 기업의 재무제표도 꼼꼼하게 따져봐야 한다. 재무제표에서는 기업의 매출, 영업이익, 당기순이익이 얼마나 늘어나고 있는지를 주로 살펴보면 투자에 도움이 된다. 기업의 기본적인 재무구조가 탄탄하다면 일시적으로 주가가 하락해도 다시 회복할 체력이 된다는 말이기 때문에, 때마다 나오는 배당을 챙기면서 주가가 회복하기를 기다리면 된다.

배당과 성장을 동시에, 배당성장주

배당주투자를 결정했다면 배당이 늘어나는 종목을 고르는 것도 중요하다. 이런 주식을 배당성장주라고 부른다. 과거 배당을 얼마나 줬는지, 어느 정도나 늘려왔는지 등을 따져보고 투자에 나서야 한다.

배당도 성장한다

배당을 주는 것은 좋은데 이 배당금이 매년 같은 수준에 머문다면 투자 매력이 떨어진다. 매년 물가는 오르는데 배당이 제자리인 것은 결국 마이너스(-) 성장과 같기 때문이다.

마치 내 월급만 빼고 다 오르는 장면을 보는 듯한 이 익숙한 느낌, 이런 느낌을 주식투자에서만이라도 피하고 싶다면 애초에 종목을 고를 때 배당이 늘어나는 종목을 골라보자. 매년 같은 수준의 배당을 주는 주식보다는 꾸준히 배당을 늘리는 주식을 선택하는 것이 중요하다는 의미다. 이렇게 배당을 점점 늘리는 주식을 '배당성장주'라고 한다.

배당성장주는 어떻게 찾아야 할까? 뒤에서 자세히 언급하겠지만, 일명 '깜깜이 배당'을 막기 위한 정부정책으로 인해 우리나라도 배당투자를 할 때 배당금의 규모를 보고 투자하는 분위기로 점차 변화할 것으로 보인다. 하지만 아직은 모든 기업에 대한 배당금 수준을 알 수 없기 때문에 배당성장주를 대략적으로라도 짐작할 수 있는 정보가 필요하다.

배당투자에서 중요하게 보는 지표 중 하나가 앞서 언급한 배당수익률이다. 그런데 이 배당수익률에는 맹점이 있다. 주가 대비 배당 수준을 나타내다 보니 주가가 오르면 전체 배당수익률이 낮아신다. 반대로 주가가 떨어지면 배당수익률은 높아진다. 즉 주가가 하락하면 상대적으로 배당수익률이 높아 보일 수 있는 셈이다. 이것이 무조건적으로 배당수익률이 높은 주식만을 고르면 안 되는 이유다.

배당성장주, 주가도 오른다

배당수익률이 높은 종목 중에서도 배당을 꾸준히 늘려온 주식을 찾아보자. 배당이 늘어나면 배당수익률도 높아진다. 과거부터 꾸준히 배당을 늘렸다면 그만큼 기업이 꾸준히 성장했다는 말이

연속 배당 증가(4년) 종목: 이익 및 배당 증가율, 부채비율

Code	Name	시가총액 (24년 3월, 억 원)	업종	ROE (2023년, %)	당기순이익 (억 원, 2023년)
A024110	기업은행	116,751	금융	9	26,697
A175330	JB금융지주	26,115	금융	12	5,860
A001450	현대해상	29,348	금융	8	6,078
A057050	현대홈쇼핑	5,931	경기관련소비재	6	1,362
A192400	쿠쿠홀딩스	6,341	경기관련소비재	13	1,301
A018670	SK가스	14,066	유틸리티	13	3,163
A002310	아세아제지	4,177	소재	10	811
A005830	DB손해보험	70,584	금융	16	17,386
A000810	삼성화재	148,485	금융	13	18,184
A000240	한국앤컴퍼니	15,755	경기관련소비재	5	1,872
A009970	영원무역홀딩스	12,509	경기관련소비재	17	3,717
A003550	LG	146,101	산업재	5	12,612
A001040	CJ	31,087	산업재	3	1,948
A161390	한국타이어앤테크놀로지	65,939	경기관련소비재	8	7,202
A031980	피에스케이홀딩스	9,392	IT	14	427
A082920	비츠로셀	4,164	IT	17	361
A079550	LIG넥스원	37,197	산업재	18	1,750
A340570	티앤엘	4,001	건강관리	23	274
A009450	경동나비엔	7,691	경기관련소비재	15	831
A214450	파마리서치	9,649	건강관리	19	766
A307950	현대오토에버	40,139	IT	9	1,378
A185750	종근당	14,448	건강관리	30	2,125
A001530	DI동일	6,736	경기관련소비재	1	32
A035420	NAVER	304,760	커뮤니케이션서비스	4	10,123
A214150	클래시스	22,102	건강관리	29	742
A000100	유한양행	59,780	건강관리	7	1,361
A008930	한미사이언스	28,194	건강관리	15	1,151
A101490	에스앤에스텍	9,930	IT	13	259
A140860	파크시스템스	11,435	IT	19	246
A128940	한미약품	42,581	건강관리	16	1,462

※코스피·코스닥 시가총액 3000억 원 이상, 배당수익률은 2024년 3월 주가 기준

출처: Fnguide, 유진투자증권

현금배당액 (보통주, 연간, 억 원, 2023년)	배당수익률 (2024년 3월, %)	부채비율(%) (부채총계/자본총계, 금융 제외)	순이익 증가율 (CAGR, 최근 5년, %)	배당 증가율 (CAGR, 최근 5년, %)
7,847	6.7		9	18
1,641	6.3		19	36
1,618	5.5		10	12
321	5.4	33	-4	8
342	5.4	16	9	13
718	5.1	135	40	22
205	4.9	23	1	25
3,182	4.5		27	20
6,373	4.3		11	7
663	4.2	16	-1	19
461	3.7	39	34	38
4,743	3.2	12	-8	7
812	2.6	164	-7	17
1,586	2.4	33	7	23
129	1.4	18	-4	10
55	1.3	11	19	
425	1.1	263	108	31
44	1.1	10	43	36
79	1.0	81	27	20
97	1.0	16	40	28
392	1.0	79	21	22
133	0.9	72	38	9
48	0.7	61	167	13
1,814	0.6	47	9	32
128	0.6	32	38	71
316	0.5	34	19	7
136	0.5	56	45	2
32	0.3	16	41	27
28	0.2	41	34	33
62	0.1	73	42	2
평균	2.6	**55**	**28**	21

고, 그 와중에 주주를 빠짐없이 챙겼다는 소리기 때문이다.

현재 배당수익률이 낮은 수준인 기업이더라도 그냥 지나치지 말자. 유동성이 풍부해서 매년 배당을 늘릴 수 있는 기업이라면 당장의 배당수익률이 낮더라도 향후 배당성장이 기대되기 때문이다.

실제로 배당성장주 주가가 상승했다는 분석도 있다. 유진투자증권이 분석한 자료에 따르면, 4년 연속 배당이 늘어난 배당성향 60% 미만 배당성장주의 최근 10년간 연평균 상승률은 9.6%로 집계되었다. 같은 기간 고배당주의 연평균 상승률인 7%는 코스피200지수 연평균 상승률 5.3%를 뛰어넘는 수준이다.

배당을 가늠하는
ROE와 현금흐름

이익이 많이 남은 기업은 배당을 많이 준다. 따라서 배당 규모를 짐작하기 위해서는 기업이 얼마나 벌어들였는지, 투자를 하고 남은 현금이 얼마나 있는지 등을 참고하면 도움이된다.

기업의 ROE와 잉여현금흐름

기업이 주주들에게 배당을 많이 주기 위해서는 그 기업이 시장에서 벌어들이는 돈이 일단 많아야 한다. 그 이유는 간단하다. 기업은 어느 정도 투자를 하고 남은 이익 중에서 일부를 배당으로 활용하기 때문이다. 기업이 배당을 할 수 있는 여력이 어느 정도 되는지를 미리 알아보기 위해서는 관련된 지표를 잘 살펴보아야 한다. 이와 관련된 대표적인 지표로 자기자본이익률(ROE)과 잉여현금흐름을 들 수 있다.

배당투자와 ROE의 관계

배당투자에서 흔히 활용하는 지표는 ROE다. ROE는 평균 자기자본을 당기순이익으로 나눈 값에 100을 곱한 것이다. 쉽게 말해서 기업이 자기자본을 활용해서 1년이라는 기간 동안 얼마를 벌어들였는지를 나타내는 대표적인 수익성 지표다. 수치가 높을수록 경영효율성이 높다고 본다.

ROE는 배당뿐만 아니라 주식투자를 위해서도 눈여겨봐야 하는 지표다. 예를 들어 ROE가 10%라고 한다면 어떤 기업이 1억 원의 자본을 가지고 1000만 원의 이익을 냈다는 것을 말한다. ROE가 20%라면 1억 원을 가지고 2000만 원의 이익을 냈다는 것인데, 같은 자본을 가지고 있지만 이익이 높아지는 만큼 효율적인 투자 활동을 했다는 해석이 가능하다.

ROE를 높이기 위해서는 분모에 해당하는 자기자본값을 줄이면 되는데, 이는 현금배당을 통해서 낮출 수 있다. 배당금이 현금으로 지급되면 그만큼 자기자본이 줄어드는 것이기 때문이다.

다만 이렇게 현금배당을 통해 일시적으로 ROE가 높아 보이는 '착시효과'가 나타날 수도 있으니 주의해야 한다. 배당을 통해 회사가 벌어들이는 돈이 사라지면서 자본이 줄어들 수도 있기 때문이다. 또 부채를 써서 순이익을 낼 경우에도 ROE가 높아질 수 있다.

단순히 ROE가 높은 기업이 아니라 ROE가 높으면서 꾸준히 매출과 순이익이 증가하는지 등을 종합적으로 살펴봐야 한다.

배당 여력을 알고 싶다면 이익잉여금을 보자

잉여현금흐름(FCF) 역시 배당투자를 고려할 때 눈여겨봐야 하는 지표 중 하나다. FCF란 기업이 벌어들인 돈에서 세금이나 설비투자, 영업비용 등을 제외한 돈을 말한다. 말 그대로 기업에 남은 돈을 의미한다.

기업은 필요한 금액을 사용한 후에도 남은 잉여현금을 배당금 지급 등 주주가치를 높여주는 방법으로 활용할 수도 있기 때문에 배당투자에서 알아두면 좋은 부분이다.

다만 기업이 사업 확장에 나서면서 설비투자에 대규모 자금을 투입하는 경우에는 일시적으로 잉여현금흐름이 마이너스(-)를 기록할 수도 있다. 따라서 잉여현금흐름은 플러스(+)가 좋은 것이 기본이지만 마이너스더라도 그 내용을 따져볼 필요가 있다.

기업 재무제표에서 가장 간단하게 배당 가능 여력을 가늠해보기 위해서는 '이익잉여금' 항목을 보면 된다. 이익잉여금은 사내에 유보되어 있는 이익으로 기업이 영업활동 등의 결과를 축적해둔 것을 말한다.

배당금 나온 걸 보고
주식을 사도 된다

배당금 규모를 미리 알려주는 기업이 늘어나고 있다. 정부정책에 힘입어 앞으로 이런 기업의 수는 더욱 늘어날 것으로 보인다. 기왕이면 배당금을 얼마나 주는지 미리 확인하고 투자하는 것이 안전한 투자법이다.

배당금 보고 투자합시다

배당은 기업이 남은 돈 중 일부를 주주들에게 돌려주는 것이다. 우리나라 기업은 그동안 배당금을 먼저 알려주지 않고, 대부분 연말에 배당받을 주주를 확정한다. 그리고 한 해를 넘긴 2~3월에 열리는 주주총회를 통해 배당을 결정하는 방식을 택했다. 따라서 투자자들은 기업의 배당금이 얼마인지 모르는 상태에서 투자에 나서고, 이후에 기업의 결정에 따라 배당을 받아가야만 했다.

'깜깜이 배당'의 관행을 막기 위해 정부는 2024년부터 배당금 규모를 먼저 정하고, 나중에 배당금을 받을 주주를 확정하는 방법으로 배당제도를 개편했다. 투자자들이 기업의 배당 규모를 보고 투자를 결정할 수 있게 된 것이다. 기업들의 적극적인 동참으로 상장기업의 약 40%가 배당절차 개선 관련 사항들을 정관에 반영한 상태다. 시행 첫 해부터 100개 이상의 기업이 변경된 절차에 따라 실제 배당을 실시하는 등 배당절차 개선방안은 빠르게 자리를 잡아가고 있다는 평가다.

실제 기업의 공시를 살펴보자. LG전자의 경우 2024년 3월 26일 날짜로 '수시공시의무관련사항(공정공시)'이라는 제목으로 공시를 하나 올렸는데, 이를 열어보면 '주주가치 제고를 위한 주주환원정책 수립'이라는 제목의 공시 내용이 나온다.

이를 보면 2024년부터 반기배당을 진행하고, 연간 최소 1000원 이상을 주주에게 환원할 예정이라는 내용이 담겨 있다. 뿐만 아니라 기존 연결 재무제표 기준 당기순이익의 20% 이상이었던 배당성향을 '향후 3년간 연결 재무제표 기준 당기순이익의 25% 이상'으로 상향한다는 내용도 포함되었다. 또한 '선 배당액 확정, 후 배당기준일 설정'으로 바꾼다는 내용도 있다. LG전자 주식에 투자하고자 했던 투자자라면 이러한 배당에 대한 변경된 기준을 보고 투자를 결정하면 된다.

6월 18일자 '수시공시의무관련사항(공정공시)'라는 제목의 공

LG전자의 주주환원정책 관련 공시

1. 정보내용	관련 수시공시 내용	- 당사는 주주가치 제고를 기본 원칙으로 배당가능이익 범위 내에서 미래의 전략적 투자, 재무구조(Cash Flow 등), 경영환경 등을 고려하여 주주환원정책을 결정하고 있습니다. ① 당사는 주주가치 제고 확대를 위해 배당성향을 기존 "연결 재무제표 기준 당기순이익(일회성 비경상이익 제외)의 20% 이상"에서 향후 "3년간(2024 사업연도~2026 사업연도) 연결 재무제표 기준 당기순이익(일회성 비경상이익 제외)의 25% 이상"으로 상향하고자 합니다. ② 올해부터 반기배당을 진행할 예정이며, 2024 사업연도 배당부터 연간 최소 1,000원 이상을 주주에게 환원할 예정입니다. ③ 또한 2024 사업연도 결산배당부터는 先 배당액 확정, 後 배당기준일 설정(이사회 결의로 정하는 날)을 통해 투자자의 배당 예측 가능성을 제고하고자 합니다.

LG전자의 주주환원정책 관련 공시의 내용

수시공시의무관련사항(공정공시)

1. 정보내용	공시제목	2024년 반기배당 계획
	관련 수시공시 내용	당사는 주주가치 제고 및 배당에 관한 투자자의 예측 가능성 제고를 위해 2024 사업연도의 반기배당을 다음과 같이 계획하고 있음을 알려드립니다. - 1주당 반기배당금: 500원(보통주/우선주 동일) - 반기배당 기준일: 2024년 6월 30일 상기 반기배당금은 최종 확정 전 예정금액이므로 향후 진행될 당사 이사회 결과에 따라 변경될 수 있음을 양지하여 주시기 바랍니다.

시를 보면 반기배당 계획 내용이 구체적으로 담겨 있음을 확인할 수 있다. 3월에 공시를 통해 약속한 것처럼 반기배당을 진행하겠다고 후속 공시를 통해 알린 것이다. 이 공시를 보면 LG전자는 반기배당을 통해 주당 500원의 배당금을 지급할 예정이다.

── '배당투자 시기는 연말'은 옛말

배당제도가 바뀌면서 생긴 새로운 용어가 '벚꽃 배당'이다. 그동안 연말이었던 배당기준일이 2월 말이나 3월로 바뀌기 시작하면서 봄이 새로운 배당의 계절로 떠오른 영향이다. 이에 따라 통상 연말 배당을 노린 매수세가 몰리면서 배당주 주가가 급등하

하나투어 주가 추이

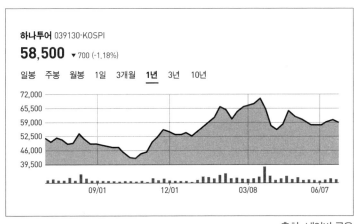

출처: 네이버 금융

던 현상도 1~2월로 옮겨졌다.

고배당주로 유명한 하나투어의 주가 추이 그래프를 봐도 이러한 경향은 두드러지게 나타난다. 2024년에 들어서 1~2월 동안 주가가 가파르게 오르기 시작하여 3월 배당 시즌 이후로 소폭 하락한 모습을 보인다.

배당투자를 계획한다면 이러한 주가변동성을 감안해서 장기적인 전략을 짜야 한다. 배당성향을 우선적으로 확인할 수 있으니 관심이 가는 배당주를 선택했다면 주가가 오르기 시작하는 배당일 직전인 1월이나 2월보다는 최소 3개월 전 주가 흐름을 보면서 적당한 수준에서 매수에 나서는 방식을 활용하는 것이 바람직하다.

정부가 배당을 막는다는
규제산업의 역설

정부는 기업에 배당을 늘릴 것을 요구한다. 그래야 전반적으로 주식시장이 살아나기 때문이다. 그런데 배당주로 유명한 금융주는 그만큼 정부 규제도 심하다. 정부가 우리 편이 되기도, 적이 되기도 하는 것이다.

┌─ '배당을 늘리세요' 압박하는 정부

고배당주로 유명한 업종은 금융이다. 실제 대부분 금융주는 높은 배당을 주기 때문에 전통적으로 '금융주=고배당주'라는 공식이 이어지고 있다고 봐도 무방하다. 2023년 기준으로 우리금융지주, DGB금융지주, 하나금융지주 등이 8~9%대 배당수익률을 자랑했던 것을 보면 왜 고배당주로 유명한지 알 수 있다.

2024년에 들어 기업들이 적극적으로 분기배당과 반기배당에 나서고 있는 것은 정부 차원에서 배당을 중심으로 한 주주환원

금융위원회가 은행의 배당을 막았다는 내용의 기사

> ## '배당 늘리라'는 주주, '자본확충 먼저'란 당국… 난감한 은행
>
> **금리 상승기 순이익 급증…주주환원 확대 움직임 늘어**
> **금융위, 손실흡수능력 확충 위한 준비금 적립요구권 도입**
> **준비금 쌓으면 배당가능이익 줄어, 대출금리 인하 압박도**
>
> [이데일리 이명철 기자] "돈 많이 벌었으니 배당을 늘려 막대한 이익을 주주들과 나눠라." vs "고금리 상황에 가계대출 부실 우려 있으니 대손준비금 적립 늘려라."
>
> 고금리 상황 속에 은행을 향한 외부 시선이 따갑다. 금리상승으로 벌어들인 이익을 주주와 사회에 환원할 것을 요구하는 목소리가 커지고 있어서다. 은행들은 주주배당 확대를 요구하는 행동주의 펀드와 대손충당금을 더 쌓으라는 금융당국의 압박 속에서 눈치보기만 하고 있는 형국이다.

을 적극적으로 유도하고 있기 때문이 크다. 정부는 '코리아 디스카운트(한국 증시 저평가)'를 해소할 수 있는 방안 중 하나로 주주환원 확대를 꼽고 있다.

내 편일 것만 같았던 정부가 오히려 배당을 막는 경우도 있다. 위 기사는 2023년 1월 금융위원회가 은행들에게 충당금을 더 쌓으라고 요구하자 난감해진 업계 분위기를 담고 있다.

우리 편인 줄 알았던 정부의 배신

고배당주로 유명한 금융주의 경우에는 정부정책의 영향을 민감하게 받는 업종 중 하나이기 때문에 투자에 주의가 필요하다.

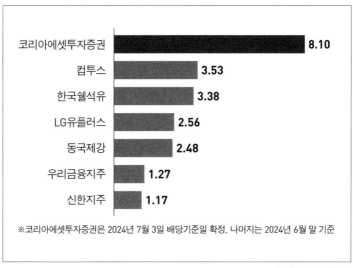

중간/분기배당 예상 배당수익률 상위 주요 종목(단위: %)

종목	배당수익률
코리아에셋투자증권	8.10
컴투스	3.53
한국쉘석유	3.38
LG유플러스	2.56
동국제강	2.48
우리금융지주	1.27
신한지주	1.17

※코리아에셋투자증권은 2024년 7월 3일 배당기준일 확정. 나머지는 2024년 6월 말 기준

출처: IBK투자증권

무조건적으로 배당수익률이 높다고 고배당주로 선별해서 투자하면 낭패를 볼 수 있다는 말이다.

금융주는 특히 충당금 이슈가 가장 크다. 충당금이란 앞으로 발생할 것으로 예상되는 비용이나 손실에 대비해 미리 부채로 올려두는 것을 말한다. 즉 앞으로 어떤 사건으로 인해 손실이 발생할 것으로 보이니 미리 이에 대비해 손실금액만큼을 쌓아두는 것이다. 이렇게 되면 실제로 어떤 사건이 발생해 손실을 입었을 때 미리 장부상으로 이 손실이 반영되어 있기 때문에 갑작스러운 위기에 대비할 수 있다.

정부는 은행을 중심으로 한 금융권에 지속적으로 충당금 확대를 요구하고 있다. 정부가 은행에게 추가로 충당금을 쌓으라고 요구하면 은행의 배당 가능한 이익은 줄어들 수밖에 없다. 결국 은행은 손실로부터 방어하는 능력은 생기지만 배당 여력은 줄어들면서 고배당주로서의 매력이 약화될 수밖에 없는 셈이다.

고배당주에 비해 상대적으로 은행을 중심으로 한 금융권에 대한 정부의 간섭이 심한 편이다. 아무래도 은행권은 정부정책에 따른 지원도 많고, 대출 등 서민생활과 밀접한 영업행위를 주로 하고 있기 때문에 정부의 관리가 필요한 탓이다. 배당주를 선별하고 투자를 결정할 때 높은 배당금을 보고 금융주를 투자하는 경우가 많기 때문에 정부의 규제로 인한 배당 감소 가능성도 투자 판단을 할 때 염두에 둘 필요가 있다.

배당을 편들어주는
'우리 편' 행동주의 펀드

행동주의 펀드는 지배구조 개선이나 배당금 확대 등을 적극적으로 요구한다. 최근 들어서 존재감이 커지면서 행동주의 펀드의 요구사항이 수용되는 경우도 늘었다. 일각에서는 '먹튀'라는 비난도 나온다.

┌─ 존재감이 커지는 '행동주의 펀드'

최근 들어서 행동주의 펀드의 존재감이 커지고 있다. 행동주의 펀드란 말 그대로 '행동'에 나서는 펀드를 말한다. 기업의 주식을 사서 주가가 오를 때까지 기다리는 보통 주주들과는 달리 지배구조 개선이나 배당금 확대 등 주로 주주환원책 강화를 중점적으로 적극 요구하는 펀드를 말한다.

지난 2022년 국내에서는 에스엠(SM)엔터테인먼트를 상대로 사실상 승리한 얼라인파트너스 덕분에 행동주의 펀드가 일반 투

주요 행동주의 펀드의 2024년 주주행동 내용

구분	대상 기업	행동 캠페인
FCP	KT&G	거버넌스 구조개선, 이상현 FCP 대표 사외이사 후보 추천 주주제안
시티오브런던 등 5개사	삼성물산	5000억 원 규모의 자사주 매입, 보통주 1주당 4500원(우선주 4550원) 배당
얼라인파트너스	JB금융지주	이사회 이사 후보 5명 추천
차파트너스자산운용	금호석유화학	금호석유화학 지분 18.4% 규모 자사주 전량 소각, 감사위원회 위원이 되는 사외이사 선임건 제출
KCGI자산운용	현대엘리베이터	주주환원율 50% 이상 이행 요구

출처: 금융투자업

자자들에게 유명해지기도 했다. 당시 SM 지분의 1.1%를 보유하고 있던 얼라인파트너스는 그 당시 이수만 총괄 프로듀서의 개인회사인 라이크기획에 SM이 과도한 수수료를 지급하고 있다면서 이의를 제기했다. 이에 SM은 라이크기획과의 프로듀싱 라이선스 계약을 조기 종료하기로 했다. 그동안 국내에도 다양한 행동주의 펀드들이 있었지만 SM과의 대결에서 승리한 얼라인파트너스로 인해 국내에 행동주의 펀드들의 행보가 더욱 주목받고 목소리가 커지는 계가가 되었다는 평가다. 얼라인파트너스는 JB금융지주에 대한 행동 캠페인에서도 승리했다. 또한 2024년 주주총회에서 목표했던 주주제안 후보 2명을 JB금융지주 이사회에 진입시켰다.

영국의 기업 거버넌스 리서치 업체 딜리전트 마켓 인텔리전스에 따르면 국내 행동주의 펀드 대상 기업 수의 추이는 2020년에 10곳이었지만, 2021년에는 27곳으로 늘었고, 2022년에는 49곳으로 뛰었다. 앞으로 경영권 분쟁을 비롯한 기업구조 개선, 주주 가치 제고 등 행동주의 펀드의 활동 반경이 넓어질 것이라는 전망이다. 아주기업경영연구소에 따르면 2023년 4월 1일부터 2024년 2월 14일까지 '소송 등의 제기·신청(경영권 분쟁 소송)' 공시는 모두 180건으로 전년 동기 대비 21%가 늘었다.

아직 국내에서는 미미하지만…

행동주의 펀드가 언제나 승리하는 것은 아니다. 삼성물산에 대한 행동주의 펀드의 요구는 사실상 '완패'로 끝났다. 시티오브런던 등 5개사는 삼성물산에 대해서 5000억 원 규모의 자사주 매입, 보통주 1주당 4500원 배당을 요구하며 삼성물산을 압박했다. 하지만 주주총회에서 이 안건은 23%의 지지를 받는 데 그쳐 부결되었다.

FCP와 KT&G 간의 표 대결도 2024년 관심을 모았던 주주제안 중 하나였다. FCP는 KT&G를 상대로 거버넌스 구조 개선, 이상현 FCP 대표 사외이사 추천 등의 내용을 중심으로 한 주주제안을 냈다. 하지만 KT&G는 정기 주주총회에서 방경만 대표이사 사장 후보를 이사로 선임하는 안건을 통과시켰다. FCP는 방 사장 선임 안건에 대해 줄곧 반대 의사를 내비쳤는데 이 의견이 받아들여지지 않은 것이다.

FCP는 KT&G의 지배구조 문제를 지적하며 "거버넌스 문제가 해결되어 훌륭한 최고경영자와 독립적인 이사회가 들어선다면 2028년까지 KT&G의 시가총액은 4배까지도 뛸 수 있다"라고 주장했다. 그나마 FCP가 밀었던 사외이사 후보인 손동환 후보가 이사회에 진입하면서 체면치레 정도에 만족해야 했다.

행동주의 펀드, 국내에서 먹튀 비난도

행동주의 펀드에 대한 비난의 목소리도 있다. 행동주의 펀드가 기업의 내실 강화에 도움을 주는 것이 아니라 주가 올리기에만 열중하고, 주가가 오르면 차익을 보고 지분을 팔아 치운다는 것이다. 즉 기업의 장기 전략을 무시한 채 당장의 주가 상승을 위한 주주환원에 나설 것을 압박하는 경우도 상당하다는 소리다. 이에 따라 소위 말하는 '먹튀'에 행동주의 펀드가 앞장선다는 지적이다.

행동주의 펀드가 먹튀 오명을 쓰게 된 것은 과거 여러 사례에서 얻은 좋지 않은 기억 때문이다. 1999년에 미국계 헤지펀드인 타이거펀드는 SK텔레콤(SKT) 지분을 6.6% 확보한 뒤 적대적 인

2024년 주주제안 안건 유형별 상정 개수

주주제안 안건 유형	상정 안건 개수	비중
이사·감사 선임	61건	52.1%
정관 변경	22건	18.8%
현금·주식 배당	13건	11.1%
자사주 취득·소각	9건	7.7%
기타(보수한도 등)	12건	10.3%
합계	117건	100.0%

출처: 서스틴베스트, 금융감독원 전자공시시스템

수합병(M&A)을 예고했다. 당시 SK그룹은 SKT 지분을 21% 보유하고 있었다. 타이거펀드가 2대 주주였던 KT(19% 지분 보유)와 손을 잡으면 경영권을 손에 넣을 수 있는 상황이었다. SK그룹은 이를 막기 위해 타이거펀드의 사외이사제 도입 요구 등을 일부 수용하면서 경영권 방어를 위해 무려 2조 원가량을 투자했다. 다음 해 타이거펀드는 SK 계열사에 지분을 매각하고 떠났다. 그 당시 타이거펀드가 챙긴 시세차익만 무려 6300억 원에 달했다.

최근에 들어서는 행동주의 펀드도 단기적인 요구가 아니라 중장기적인 시선에서 행동에 나서고 있다는 평가도 나온다. 서스틴베스트가 발간한 2024년 〈정기주주총회 시즌 리뷰 보고서〉에 따르면, 2024년 정기주총에서 주주제안 안건을 상정한 상장기업의 수는 총 34개사로 집계되었다. 이 가운데 18개사의 주주제안은 일반주주들이 발의한 것이었고, 9개사는 경영권 갈등 성격의 주주제안이었으며, 나머지 7개사는 국내외 행동주의 펀드의 주주제안이었다.

주주제안 안건 117건을 유형별로 보면, '이사·감사 선임'이 61건(52.1%)으로 가장 많았고, '정관변경' 22건(18.8%), '현금·주식배당' 13건(11.1%), '자사주 취득·소각' 9건(7.7%) 등의 순으로 나타났다. 특히 행동주의 펀드들의 주주제안 대부분은 이사 선임에 집중되었는데, 이 부분에서 긍정적이라는 해석이다. 행동주의 펀드들의 투자 전략이 배당 확대와 같은 단기적, 일회성 요구에서 벗어나 이사회 진입 등 경영 참여를 통한 주주가치 제고를 끌어내려는, 다소 긴 호흡의 중장기투자 전략 방향으로 움직이고 있다는 평가다.

국내
대표 배당주

KT&G, SK텔레콤, 금융주 등은 국내에서 대표적인 배당주로 꼽힌다. 배당투자를 한다고 이들 종목을 꼭 사야 하는 것은 아니지만 이 종목들의 재무사항을 뜯어보면 어떤 주식이 배당투자에 적합한 성격을 가지고 있는지 찾아낼 때 도움이 될 것이다.

주린이인 당신이 배당투자를 해보기로 결정했다면, '어떤 종목에 투자해야 할 것인가'가 가장 큰 고민이 될 것이다. 여기에서 개별 주식을 투자하라고 콕 찍어서 추천할 수는 없기 때문에 국내 증시에서 그동안 대표적인 배당주로 이름이 높은 몇 가지 종목들을 소개한다.

이 종목들의 그동안의 배당성향이나 앞으로의 배당 전망 등을 잘 공부해보자. 그러면 배당주가 구체적으로 어떤 주식을 말하는지, 배당투자를 위해서는 어떤 부분을 보아야 할 것인지 감을 잡는 데 큰 도움이 될 것이다.

⌐ KT&G

KT&G는 대표적인 고배당주로 배당투자를 이야기할 때 빠지지 않고 등장하는 종목이다. 그렇다면 KT&G는 어떻게 고배당주에 등극할 수 있었을까?

KT&G의 최근 3년치 배당 규모를 살펴보자. 2021년에는 주당 배당금이 4800원이었고, 2022년에는 5000원, 2023년에는 5200원으로 매년 배당금이 꾸준히 올랐다. 배당성향 역시 2021년에 59.2%였던 것이 2023년에는 64%까지 올랐고, 3년 동안의 시가배당률도 2021년 5.7%, 2022년 5.2%, 2023년 6.0%로 꾸준히 5%를 넘고 있다.

KT&G는 자사주를 매입해서 이를 소각하고 있다. 2023년 기

KT&G의 최근 3년간 매출 추이

출처: FN가이드

PART 2 배당투자, 누구나 손쉽게 할 수 있다

준으로 KT&G는 총 3026억 원의 자사주를 매입했고, 이를 모두 소각했다.

2024년부터 2026년까지 3년 동안 약 1조8000억 원 규모의 배당과 함께 1조 원 규모의 자사주 매입, 약 15%에 이르는 자사주 소각을 골자로 하는 중장기 주주환원정책도 내놨다. 지금까지 그랬듯이 꾸준하게 주주환원정책을 펼치겠다는 의지를 내보인 것이다. 배당 측면에서만 본다면 나무랄 데 없는 주식이고, 그렇기 때문에 전통적으로 고배당주로 자리하고 있기도 하다.

다만 고려해야 할 부분은 담배에 대한 부정적인 인식 등으로 인해 사양산업으로 여겨지고 있다는 점이다. 영업이익과 매출 측면에서도 두드러진다. 연결기준 KT&G의 2021년도 매출액은 5조2284억 원을 기록했고, 2022년에는 5조8514억 원, 2023년에는 5조8626억 원을 기록했다. 3년 동안 매출이 거의 제자리걸음을 하고 있다고 봐도 무방한 수준이다. 영업이익 역시 같은 기간에 1조3384억 원, 1조2677억 원, 1조1673억 원을 기록하는 등 눈에 띄는 성장을 보이지 않았다. 성장을 위해서는 담배가격 인상이 필수적으로 필요한데, 이것은 여론과 직결된 문제인 만큼 결정이 쉽지 않은 부분이다.

ROE도 10%를 넘긴 하지만 하향 추세다. 지난 2010년만 해도 24.2%를 기록했던 KT&G의 ROE는 2015년에는 17.8%까지 낮아졌고, 2022년에는 10%를 간신히 지켰다. 그나마 오는 2027년까지 ROE를 15%까지 끌어올리겠다는 목표를 세운 만큼 자사주 소각 등이 꾸준히 이어질 것이라고 기대되는 점은 긍정적이다.

성장을 크게 하는 업종은 아니다 보니 KT&G의 주가 흐름도 크게 재미가 없다. 주가 상승에 따른 이익까지 노린다면 실망하기 쉽다는 소리다. 다만 그만큼 큰 폭으로 주가가 하락하는 일도 많지 않은 하방 안정성이 있는 주식이라고 보면 된다.

SK텔레콤

통신업종도 전통적으로 고배당주로 꼽는다. 그중에서도 '대장주'인 SK텔레콤은 KT&G와 함께 배당주에 대해서 이야기할 때 빠지지 않는 종목이다.

SK텔레콤의 최근 3년치 배당 수준을 살펴보자. SK텔레콤의 주당 배당금은 2021년 3295원, 2022년 3320원, 2023년 3540원으로 소폭이지만 매년 꾸준히 오르고 있다. 배당성향은 다소 들쑥날쑥했는데 2021년에는 29.6%였다가 2022년에는 76.4%로 올랐고, 2023년에는 다시 66.8%로 소폭 낮아졌다. 같은 기간 동안 시가배당률은 5.3%에서 6.8%, 7.1%로 점점 높아지는 추세다.

통신주는 꾸준하다는 특징이 있다. 당장 통신비가 오른다고 해도 휴대전화를 끊을 사람은 거의 없다. 시장점유율을 나눠서 가지고 있는 SK텔레콤, KT, LG유플러스 사이에서 약간의 순위

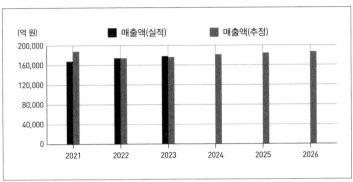

SK텔레콤의 최근 3년 매출 추이

(억 원) ■ 매출액(실적)   ■ 매출액(추정)

출처: FN가이드

변동은 있겠지만 그래도 대동소이한 수준에서 고객수를 유지할 것이다. 이것이 SK텔레콤의 매출과 영업이익이 꾸준히 늘어나고 있는 이유다.

SK텔레콤의 2021년 매출은 16조7486억 원, 2022년 17조 3050억 원, 2023년 17조6085억 원으로 꾸준히 증가하고 있다. 같은 기간 영업이익도 1조3872억 원, 1조6121억 원, 1조7532억 원으로 함께 증가하고 있다.

배당을 비롯한 주주환원 강화에 대한 의지도 확실하다. SK텔 레콤은 2024년부터 2026년까지 3년 동안 매년 연결 기준 조정 당기순이익의 50% 이상을 현금 배당 또는 자사주 매각 및 소각 으로 주주환원에 활용하겠다고 밝혔다.

다만 당분간 약간의 부침은 있을 수 있다. 우선 '오너 리스크'

가 가장 크다. 초유의 이혼 소송에 휘말려 있는 오너로 인해 소송 결과가 확정되기 전까지는 불확실성이 존재한다. 최근 SK그룹이 적극적으로 리밸런싱 작업에 나서고 있다는 점도 지켜봐야 할 부분이다. SK텔레콤 자체는 크게 영향이 없겠지만 SK그룹 전반에 대한 구조조정이 진행된다면 주력 계열사인 SK텔레콤도 영향을 받을 수 있기 때문이다.

현대차와 기아

현대차그룹은 최근 들어서 공격적으로 배당정책을 확대하고 있는 곳이다. 최근 몇 년 사이에 눈에 띄게 배당이 늘어나고 있다. 현대차와 기아, 두 종목을 살펴보자.

현대차의 최근 3년 매출 추이

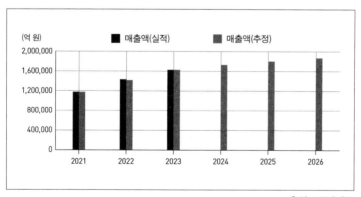

출처: FN가이드

현대차 주당 배당금은 2021년에는 5000원이었지만 2022년에는 7000원이었고, 2023년에는 1만1400원까지 늘어났다. 그 사이 2.4%에 그쳤던 시가배당률 역시 다음 해에는 4.5%, 그 다음 해에는 4.7%까지 높아졌다.

현대차는 최근 몇 년간 영업이익이 급격히 늘어나는 추세다. 지난 2021년에 6조6789억 원이었던 영업이익은 다음 해 9조8249억 원으로 껑충 뛰었고, 2023년에는 15조1269억 원을 기록했다.

성장을 이어가고 있는데 배당정책도 강화되는 기업이면 배당투자에 적격인 기업이다. 현대차는 2024년 '중장기 주주환원정책'을 내놓고 반기배당에서 분기배당으로 전환, 배당 횟수 연 2회에서 연 4회로 증가, 2026년까지 매년 발행 주식의 1%(약 4000억 원 규모) 소각 등의 내용을 발표하기도 했다.

기아도 주주환원정책에 적극적인 곳이다. 최근 3년간 배당금은 주당 3000원에서 3500원, 5600원으로 증가하고 있다. 시가배당률도 2021년 3.6%, 2022년 5.5%, 2023년 6.4%를 기록했다.

기아는 지난 2023년에 향후 5년간 연간 5000억 원 규모의 자사주 매입과 2500억 원 소각, 20~25% 수준의 배당 유지 등을 발표한 바 있다. 2024년에는 자사주 소각 비율을 기존 50%에서 조건부 100%(상반기 중 50%, 나머지는 3분기 누계 기준 재무목표 달성 시 4분기 중 소각)로 확대하기도 했다.

코로나19 팬데믹 이후 최근 3년간 매출과 영업이익이 크게 늘어났는데, 2021년에 69조8624억 원이던 매출은 2023년에 99조 8084억 원까지 증가했다. 같은 기간 영업이익도 5조657억 원에서 2023년에는 11조6079억 원까지 두 배 이상 늘어났다.

다만 자동차 업종 자체가 어느 수준 이상으로는 큰 폭으로 성장하기 힘들다는 한계가 있고, 다른 브랜드와의 경쟁이 치열하다는 점은 염두에 두어야 한다.

현대차그룹의 경우 지배구조 문제가 따라다니고 있다는 점도 주가변동성을 키울 수 있는 요인이다. 현대차그룹의 지배구조는 '현대모비스 → 현대차 → 기아 → 현대모비스'로 이어지는 순환출자 구조다. 정의선 현대차그룹 회장이 현대차 2.6%, 기아 1.7%, 현대모비스 0.3%밖에 지분을 보유하고 있지 않다는 점에서 지배구조 개편은 피할 수 없는 과제다. 순환출자를 끊고 정 회장의 지분율을 끌어올리는 과정에서 피할 수 없는 부분이기 때문이다. 따라서 이 부분에 따른 주가변동 가능성을 염두에 두고 투자에 나서는 것이 바람직하다.

금융주

금융주는 대표적인 고배당주로 유명하다. 대부분의 금융주가 배당주지만 그중에서 특히 은행주, 은행주 중에서도 4대 금융지주 중 하나인 우리금융지주를 살펴보자.

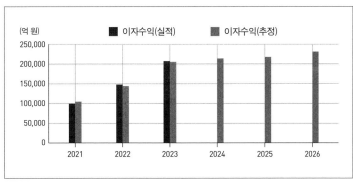

우리금융지주의 최근 3년 매출 추이

(억 원) ■ 이자수익(실적) ■ 이자수익(추정)

출처: FN가이드

　　우리금융지주의 주당 배당금은 2021년 900원에서 1130원, 1000원으로 비슷한 수준을 유지하고 있고 배당성향은 꾸준하게 높아지고 있다. 2021년 23.3%, 2022년 24.8%, 2023년 28.4%를 기록했다. 2023년을 기준으로 4대 금융지주 배당성향은 우리금융 29.8%, 하나금융 29%, KB금융 25.3%, 신한금융 24.9% 등으로 우리금융이 가장 높았다.

　　금융주는 앞다퉈 주주환원정책을 내놓고 있는데 우리금융도 마찬가지다. 우리금융은 중장기 밸류업 목표를 '보통주자본비율 기반 주주환원 역량 제고'로 세웠다. 이를 위해 △지속 가능 ROE 10% △보통주 자본비율(총 자본에서 보통주로 조달하는 자본의 비율, 높을수록 은행권 배당 여력이 증가) 13% △총 주주환원율 50% 등을 달성하겠다는 계획이다.

총 주주환원율은 보통주 자본비율의 12.5~13.0% 구간에서는 40%까지, 13.0% 초과 시에는 50%까지 확대하기로 하는 한편, 보통주 자본비율은 2025년까지 12.5%를 조기 달성하기로 했다.

특히 우리금융지주의 2024년 상반기 기준 ROE는 10.8%로 4대 금융지주 중 가장 높았고, 전년 10.4%보다 높아지면서 4대 금융지주 중 유일하게 개선되는 모습을 보였다. 매년 3조~4조 원 수준의 영업이익을 꾸준히 내고 있다는 점도 강점이다.

다만 은행주 등 금융주는 정부정책의 영향을 많이 받는다. 대출이 늘어날 경우 대출 규제 등이 대표적이다. 금리에도 예민하게 반응하는 편이다. 성장산업이 아닌 만큼 주가 상승에 따른 자본 차익을 기대하기는 쉽지 않은 종목이다.

DIVIDEND INVESTMENT

배당주를 고르기가 힘드니 전문가의 도움을 받고 싶다면?
사고팔기 번거로운 절차를 줄이면서 수수료 부담도 덜고 싶다면?
배당주 ETF, 천차만별인데 어떻게 골라야 할까?

CHAPTER 2

연봉보다 수익률이 더 높은 배당주 ETF

배당주를 선별하기 힘들다면 배당주를 모아놓은 펀드에 가입하는 것도 방법이다. 펀드매니저들이 오랜 기간 꾸준히 배당을 해왔고, 향후에도 배당을 확대할 기업들을 선별해두었기 때문이다. 일반 펀드가 부담스럽다면 주식처럼 바로 사고팔 수 있는 상장지수펀드(ETF)를 눈여겨보는 것도 방법이다. 그렇다면 어떤 ETF를 골라야 할까? 가장 쉬운 배당투자 방법을 알아보자.

배당주 선별이 어렵다면
답은 ETF

배당주 선정이 어렵다면 잘 골라놓은 상장지수 펀드(ETF)를 통해 투자를 시작하는 것이 좋다. 분산투자를 통해 위험을 줄여놓은 ETF는 위험을 줄이면서 투자하려는 배당투자자들에게 가장 걸맞은 상품이기도 하다.

고르기 힘들다? 골라놓은 '지수'가 있다

주식투자로 수익만 얻으면 좋지만, '리스크'라는 것이 존재한다. 배당을 많이 준다고 해서 투자했는데, 오히려 주가가 하락해 손실이 발생하거나 수십 년 배당을 하는 전통의 배당주조차 투자한 첫 해에 기업 사정을 이유로 배당에 나서지 않을 수도 있다.

2024년 파라다이스는 2023년 회계연도 기준 주당 100원의 배당금을 결정했다. 시가배당률 0.7% 수준이다. 앞서 파라다이스는 2020년 결산(2021년 3월)부터 2022년 결산까지 3년간 배당을 하지 않았다. 외국인 전용 카지노가 주력사업인데, 코로나19로 해외여행객의 발길이 끊기니 사실상 '개점휴업' 상태였기 때문이다. 그런데 4년 만에 배당을 재개한 결과가 100원의 배당이라니, 투자자들은 답답할 수밖에 없었다. 코로나19로 비슷한 어려움을 겪은 하나투어가 주당 5000원(시가배당률 7.79%)에 이르는 배당금을 지급한 것과 비교하며 주주들은 분통을 터뜨렸다.

비슷한 업종, 유사한 어려움을 겪고도 배당금은 이렇게 다를 수 있다. 그렇다면 수학적 확률을 이용하는 것이 방법이다. 분산투자를 통해 리스크를 줄이고 수익을 높이는 것이다. 이를테면 10개 종목에 투자해서 2개 종목이 하락하고 8개 종목이 오르면 수익을 얻는 것이다. '계란을 한 바구니에 담지 말라'는 분산투자의 덕목은 배당에서도 발휘된다.

그런데 10개 종목을 모두 매수하려면 돈이 만만치 않게 든다. 이럴 때 투자자들이 접근할 수 있는 것이 상장지수 펀드(ETF, Exchange Traded Fund)다. 현재 국내 주식시장에 상장된 배당 ETF는 무려 37개(2024년 6월 기준)에 달한다.

종목 고르기 힘들면? 워런 버핏도 추천한 ETF

ETF의 뜻은 '상장지수 펀드'다. 주가지수나 채권지수 등 특정 지수를 추종하는 상품으로 거래소에 상장하여 거래되는 펀드라

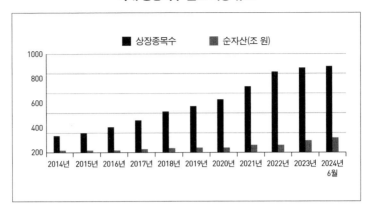

국내 상장지수 펀드 시장 규모

는 뜻이다. 한국의 ETF 시장은 2024년 6월 기준 순자산 150조
원에 이를 정도로 규모가 큰 시장이다. 기초 자산(대표적으로 코스
피200 같은 주가 지수)이 올라가면 ETF 가격도 그만큼 올라가고,
기초 자산이 내려가면 ETF 가격도 그만큼 떨어지기 때문에 주식
시장의 문외한들이 쉽게 접근할 수 있다. 그리고 다양한 종목들
을 담은 지수를 추종하기 때문에 개별 기업에 대한 골치 아픈 재
무제표 분석 등을 할 필요가 없다.

　파라다이스가 배당을 하지 않았더라도, 하나투어가 배당을 했
다면 두 종목을 같이 묶은 ETF에 투자한 투자자는 수익을 얻을
수 있다. 또한 기초 자산이 주가 지수, 파생(레버리지/인버스), 원
자재, 해외 주식, 채권, 환율 등 다양하기 때문에 투자의 폭이 넓
다. '투자의 달인'인 워런 버핏도 종목을 선택하는 능력이 부족한

대부분의 개인투자자는 몇몇 기업에 집중해서 투자하는 것보다 지수를 추종하는 ETF에 투자하는 것이 현명하다고 조언했다. 세계 펀드 업계의 전설로 불리는 존 보글 역시 잦은 매매의 유혹만 이겨낸다면 ETF는 개인투자자에게 최상의 선택이라고 말했다.

펀드지만 상장하였기 때문에 일반 주식처럼 사고팔 수 있고, 수수료도 일반 펀드보다 훨씬 낮다. 현재 자산운용사들이 수수료 경쟁에 뛰어들며 일부 상품의 총 보수는 0.0099%까지 내려온 상태다. 쉽게 말해 보수는 없는 셈 쳐도 되는 수준이다. 종목을 고르기 어려운 투자자로서는 주목할 수밖에 없다.

국내 대표
배당주 ETF

과거 수익률이 높고 2~3년 이상 운용이 된 데다 거래량이 너무 적지 않은 상품을 골라야 한다. 그래야 상장폐지의 위험이나 내가 돈을 찾고 싶을 때 매도를 할 수 없는 위험을 피할 수 있다.

많은 배당주 ETF 중에서 고르는 법

배당에 대한 기대가 커지면서 배당주 ETF도 우후죽순으로 생기고 있다. ETF를 고를 때 순간의 수익률은 차이가 있을 수 있지만 같은 지수나 테마를 두고 있는 배당주 ETF라면 조금이라도 총 보수가 낮은 상품을 고르는 것이 좋다.

순자산이 크거나 구조가 특이한 ETF 몇 개를 제시하려 한다. 이 외에도 이름에 굳이 '배당'을 넣지 않았어도 은행이나 보험주를 담은 금융 ETF, 실질적으로 직접 영업을 해서 돈을 벌지는 않아도 자회사들의 배당을 받아 먹고살며 투자자들에게 높은 배당을 지급하는 지주사 ETF 등도 배당에 강한 ETF라 할 수 있다.

먼저 국내 주식들을 담아놓은 배당 ETF를 소개하겠다. 거래량이 많아서 사고팔기 편한 ETF를 담아야 한다는 것을 꼭 기억해야 한다. ETF가 860개 이상 생기며 하루 거래량이 100주도 되지 않는 일명 '좀비 ETF'도 많다. 배당수익을 얻을 수 있고 추종하는 지수가 상승하며 자본 수익을 얻을 수 있다 해도 원할 때 사고파는 것이 제일 중요하다.

개인적으로는 하루에 최소 1000주 이상 거래되는 ETF 중 총 보수가 낮은 상품을 추천한다. 여기에 소개하는 상품들은 적어도 이 같은 조건을 갖추고 있는 ETF다.

KODEX TOP5PlusTR

KODEX TOP5PlusTR은 고배당 ETF 중 가장 덩치(시가총액)가 큰 국내 대표 고배당 ETF다. 우리나라에서 가장 먼저 ETF를 출시한 삼성자산운용이 운용하는 간판상품이기도 하다. 2019년 상장된 상품으로 'TR(토털리턴)' 전략을 추구하고 있다. 토털리턴은 우량한 배당기업에서 나오는 배당금을 현금으로 분배하지 않고 자동으로 재투자를 해서 수익률을 극대화시키는 전략을 추구한다는 것이다.

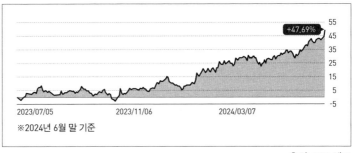

KODEX TOP5Plus ETF의 수익률 현황(단위: %)

+47.69%

2023/07/05   2023/11/06   2024/03/07

※2024년 6월 말 기준

출처: ETF 체크

　보통 배당락이 있듯 ETF 역시 배당금을 지급하면 그 직후 주가가 하락하는 것이 보통인데, TR의 경우에는 배당금이 지수에 반영되기 때문에 이런 일을 피할 수 있다. 배당금을 받을 때 배당소득세 15.4%를 원천징수하는데, TR이라 붙은 ETF는 배당금을 현금으로 받지 않기 때문에 배당소득세를 납부하지 않아도 된다는 장점이 있다.

　추종하는 지수는 '에프앤가이드 톱5 플러스(FnGuide TOP5 Plus)' 지수인데, 유가증권 및 코스닥 상장 종목 중 유동시가총액 상위 30종목을 고른 후 배당수익률과 유동시가총액을 기준으로 10개 종목만 선정하고 있다. 2024년 6월 말을 기준으로 삼성전자와 SK하이닉스 비중의 합이 50%에 달하며, 현대차와 기아, KB금융, 셀트리온, POSCO홀딩스, 신한지주 등을 순서대로 담고 있다. 시가총액이 큰 종목 중 배당을 많이 주는 자동차주와 금융주가 많이 담긴 것을 확인할 수 있다. 2024년 6월 말 기준 연초 이후 수익률은 28.49%로 높은 편이다.

총 보수는 연 0.1500%로, 주식형 ETF 평균(0.3594%)의 절반 수준이다. 거래량은 하루 2만 주 수준이며, 순자산 총액 역시 1조 2600억 원을 넘어서 2024년 6월 말을 기준으로 864개 ETF 중 26위에 랭크되어 있다. 이것은 사고파는 데 애를 먹지는 않을 것이라는 이야기다.

PLUS 고배당주

이름부터가 '고배당주'다. 한화자산운용이 운용하는 'PLUS 고배당주'는 유동시가총액 상위 200종목 중 예상 배당수익률 상위 30위 이내의 고배당 종목들을 선별해 투자한다. 과거 배당수익률이 아닌 미래 예상 배당수익률에 초점을 맞춘 것이 특징이다. KODEX TOP5Plus가 코스피의 시가총액 1, 2위인 삼성전자와 SK하이닉스를 50%가량 담고 있는 것과 달리 PLUS 고배당주 ETF는 그냥 고배당주를 다 '때려 박았'다. 2024년 6월 말을 기준으로 상위 10개 보유 종목은 우리금융지주, 기업은행, 동양생명, 현대해상, SK텔레콤, 하나금융지주, KT&G, 삼성증권, BNK금융지주, 기아 등이다. 추종하는 지수는 'FnGuide 고배당주지수'인데, 이 지수는 유동시가총액 상위 200종목 중 예상 배당수익률이

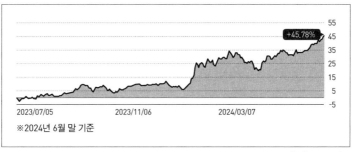

PLUS 고배당주 ETF의 수익률 현황(단위: %)

+45.78%

2023/07/05   2023/11/06   2024/03/07

※2024년 6월 말 기준

출처: ETF 체크

높은 상위 30종목을 선별한 지수다.

PLUS 고배당주는 월배당을 하고 있는 것이 특징이다. 2024년 5월에 분배주기를 월단위로 변경했고, 최근 5년 평균 5.2%의 분배율을 기록하고 있다. 분배금의 재투사를 감안한 'ARIRANG 고배당주'의 기간별 수익률은 2024년 6월 말을 기준으로 최근 6개월 30.7%, 1년 40.2%로 집계되었다.

순자산총액은 4100억 원 수준으로 ETF 864개 종목 중 77위 수준이다. 총 보수 역시 연 0.230%로 주식형 ETF 평균보다 저렴한 수준이다. 거래량은 하루 51만 주로 아주 원활하게 거래되는 ETF다. 만일 종목을 고르기 힘들어 '배당'에만 초점을 맞춘 ETF를 고르고 있다면 이 ETF를 추천한다.

ETF의 포트폴리오는 군이 투자를 하지 않더라도 배당투자자라면 가끔 들여다보는 것이 좋다. 유동시가총액이 크고 예상 배당수익률이 높은 종목이야말로 배당투자자들이 주목해야 하는 종목이기 때문이다.

⌐ 타임폴리오 코리아플러스 배당액티브

'타임폴리오 자산운용'이라는 이름이 생소할 수 있다. 헤지펀드와 사모펀드에서 두각을 나타낸 타임폴리오 자산운용은 2022년부터 주특기인 '종목 선정'을 살려 액티브 ETF에 주력하고 있다. 액티브 ETF는 기초지수의 성과를 그대로 추종하는 패시브 ETF와는 달리 기초지수 대비 초과 수익을 목표로 하는 ETF다. 따라서 기초지수는 비교지수(벤치마크)의 역할을 하며, 비교지수를 상회하는 성과를 내기 위해 투자 종목과 매매 시점이 펀드매니저 재량으로 운용된다. 그 결과 타임폴리오 운용의 간판상품으

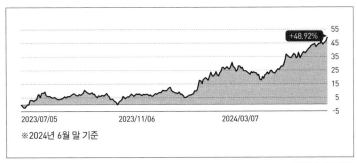

TIMEFOLIO Korea플러스 배당액티브 수익률 현황(단위: %)

※2024년 6월 말 기준

출처: ETF 체크

로 부각된 ETF가 바로 타임폴리오 코리아플러스 배당액티브다.

이 ETF는 코스피200지수를 비교지수로 하고 있지만 국내 대표 고배당 기업 및 주도주에 투자할 수 있는 상품이다. 타임폴리오 자산운용은 이 ETF를 자본이익과 연 6%(월 0.5%)의 배당이익을 추구하도록 설계했다고 하였다. 2024년 6월 말의 포트폴리오를 보면 삼성전자를 9.77%로 가장 많이 담고 있고, KB금융, SK하이닉스, 메리츠금융지주, 삼성생명, 삼양식품, 하나금융지주 등을 포트폴리오에 구축하고 있다. 실제로 2024년 6월 말을 기준으로 연초 이후 수익률은 36.92%로, 다른 배당주 ETF보다 10%가량 높은 모습을 보이고 있다. 거래량 역시 하루 17만 주를 오가는 등 원활한 모습이다.

매니저의 종목 선택과 편출 등이 조금 더 가미가 되는 '액티브 ETF'인 만큼 일반지수를 추종하는 ETF보다 총 보수는 조금 비싸다. 총 보수는 연 0.80%로, 주식형 ETF 평균(0.3594%)의 2배에 달한다.

ETF로
코스피에서 해외 배당주까지

국내 자산운용사들이 만들어놓은 ETF에도 해외 배당투자 상품이 많다. 이 ETF는 해외에서 직접 운용되는 ETF보다 수수료가 낮은 것이 장점이다. 뉴욕증시에 투자하려는 투자자들이 급증하는 가운데 국내에 상장된 해외 ETF는 투자자들에게 다양한 기회를 제공할 것이다.

── 해외 배당투자, 어렵지 않아요

ETF의 장점은 국내 코스피에서도 미국 주식을 간접적으로 할 수 있다는 것이다. 국내 코스피 시장에 상장된 ETF 중 미국 주식을 추종하는 상품들이 있다. 물론 미국의 실시간 증시를 그대로 쫓아갈 수는 없지만 수수료가 싸고 환전 비용이 들지 않아 해외 주식을 처음 시작한다면 ETF를 추천하고 싶다. 그중에서도 대표적인 해외 배당주 ETF를 소개한다.

국내 자산운용사가 한 달에도 10개 안팎의 ETF를 계속 내고 있기 때문에 소개한 ETF 외에도 다양한 상품을 찾아 직접 비교해서 가입하기를 권유한다.

ETF의 세부 내용을 확인하고 싶다면 ETF 체크(www.etfcheck. co.kr)를 추천하는데, 한국거래소의 전산 관련 자회사인 코스콤이 직접 운용하기 때문에 공신력이 있는 데다가 ETF의 기간별 수익률이나 자금유출입, 포트폴리오 등을 한눈에 볼 수 있다. 가입비도 없고 광고도 많지 않아 가독성이 좋은 편이다.

국내 상장된 '해외 배당주를 담은 ETF'는 다음과 같다.

TIGER 미국배당다우존스

이 ETF는 순자산만 1조 원이 넘는 국내 대표 미국 배당투자 ETF다. 2023년 6월 말에 새로 상장했는데, 1년 만에 순자산이 1조 원을 돌파할 정도니 그만큼 인기가 뜨겁다는 것이다. 게다가 1조 원의 자금이 몰렸다는 것은 거래가 원활하다는 뜻이기도 하다. 60일 평균 거래량이 83만 주에 이른다. 거래가 뜸해서 사고팔기 어려운 일은 없다는 것이다. 몇몇 ETF는 방치되기도 해서 실제로 주문을 내도 사고팔기 어려운 경우도 있다.

TIGER 미국배당다우존스 ETF는 10년 이상 꾸준히 배당금을 지급해오며, 배당의 지속 가능성과 성장성을 인정받은 우량 고배당 기업에 투자하는 월배당 ETF다. ETF 기초지수는 '다우존스

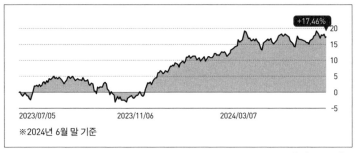

미국 배당주 100지수(Dow Jones US Dividend 100 Index)'로, 미국에 상장된 '슈왑 미국 배당주 ETF(Schwab US Dividend Equity ETF·SCHD)'와 같은 지수를 추종한다. 미국 대표 배당주 ETF인 'SCHD'가 지급하는 높은 배당수익을 월분배로 받을 수 있다는 것이 장점이다. 2024년 6월 말을 기준으로 수익률은 10.51%로 높은 평균이다.

총 보수는 0.010%로 주식형 ETF 평균(0.3594%)보다 훨씬 저렴한 편이다. 미래에셋자산운용의 간판상품이라 안정적으로 운용되는 점도 믿을 만하다. 다만 주의할 것은 환헤지를 하지 않는 환노출형 ETF라는 점이다. 환노출형 ETF는 원화가 기준이기 때문에 미국 증시가 상승해도 환율이 떨어지면 그만큼 수익률이 조정된다. 반면 환헤지형 ETF는 달러가 기준이므로 미국 증시 상승세가 환율과 상관없이 온전히 주가에 반영되는 구조다.

KODEX 미국배당프리미엄액티브

이 ETF는 TIGER 미국배당다우존스 ETF와 달리 스탠다드앤드푸어스(S&P) 500지수 중 장기간 배당을 늘려온 배당성장주를 선별해 투자하는 상품이다. 그런데 이 상품은 '액티브'라고 되어 있는 점이 다르다. 미국 S&P500지수를 추종하되 어느 정도의 자율성을 두고 삼성자산운용 매니저가 투자 종목을 선정한다는 것이다.

일반 ETF보다 더 빠르게 시장에 대응할 수 있다는 장점이 있으며, 연 4회 지수 변경을 통해 시장 상황에 자율적으로 대처하는 모습을 보이고 있다. 삼성자산운용은 이 상품을 미국 운용사 앰플리파이(Amplify)의 대표적인 메가히트 ETF인 'DIVO ETF(AMPLIFY CWP 인핸스드 디비던드 인컴 ETF)'를 국내 투자 환경에 맞추어 현지화한 상품이라고 설명한다.

2024년 6월 말 포트폴리오를 보면 S&P500지수를 추종하는 ETF 2개(뱅가드 S&P500 ETF, SPDR S&P500 ETF)를 30% 비중으로 두고 마이크로소프트, 유나이티드헬스그룹, JP모건체이스, 골드만삭스, 비자 등을 순서대로 담고 있다. S&P지수를 추종하되, 배당을 많이 주는 성장주를 추가로 담는 만큼 플러스알파의 수익률을 얻을 수 있다는 장점이 있다. 이 상품 역시 월배당을 하고 있는데, 2024년 6월 말 기준 연간 분배율은 6.58%에 달한다.

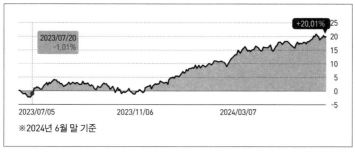

KODEX 미국배당프리미엄액티브의 수익률 현황(단위: %)

2023/07/20
-1.01%

+20.01%

2023/07/05   2023/11/06   2024/03/07

※2024년 6월 말 기준

출처: ETF 체크

총 보수가 0.190%로 저렴한 편이지만 지수를 그대로 추종하는 것이 아니라 S&P지수를 추종하되 일정 자율성을 두고 배당주를 담았기 때문에 추종지수와의 오차율은 7%대로 높은 편이다. 거래량은 하루 10만 주 안팎으로 나쁘지 않다.

ACE글로벌인컴10

이 ETF는 배당주에 투자하는 상품은 아니다. 대신 월배당을 지급하기 때문에 배당주에 투자한 것과 유사한 효과를 낼 수 있어 추천 목록에 올렸다. 한국투자신탁운용이 운용하는 'ACE 글로벌인컴TOP10 SOLACTIVE ETF'는 기초지수로 독일지수 사업자 솔랙티브(Solactive) AG가 산출·발표하는 'Solactive Global Superior Income TOP10 Price Return Index'를 두고

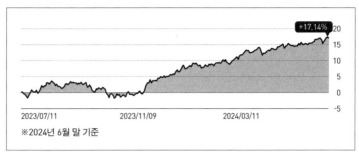

ACE글로벌인컴10 ETF의 상장 후 수익률 현황(단위: %)

2023/07/11 2023/11/09 2024/03/11

※2024년 6월 말 기준

출처: ETF 체크

있다. 이 지수는 미국에 상장된 글로벌 주식형, 채권형 ETF 중 배당수익률(분배율)이 높고 분배일관성이 우수한 10개 상품으로 구성된다. 자산별로 선정된 5개 ETF의 투자비중은 분배율을 기준으로 정한다. 분배율을 기준으로 주식형 ETF 5종과 채권형 ETF 5종을 조합해 투자하기 때문에 분산 투자 효과를 누릴 수 있는 월배당형 ETF 상품이다.

일단 수익률은 안정적이다. 2024년 6월 말을 기준으로 6개월 수익률이 10.69%인데, 배당도 계속 지급하고 있다는 점을 감안하면 실질 수익률은 더욱 올라간다. 2024년 6월 말을 기준으로 배당수익이라 할 수 있는 연간분배율은 7.00%에 달한다. 2023년 7월 상장 이후 매달 1주당 분배금 57~90원을 지급해 연간 분배금을 계속 지급했다는 점도 눈여겨볼 만하다.

ETF 중 드물게 유입된 설정액의 60%가 개인자금이다. 안정적인 수익을 원하는 개인들이 많이 찾은 덕분이다. 총 보수율은 연 0.240%로 비슷한 ETF 유형(멀티에셋형 ETF) 평균인 0.2298%보다 다소 비싼 편이다. 하루 거래량은 2만 주 안팎이라 국내 일반 ETF보다 거래가 원활하지 않다는 단점도 있다.

배당주에 안정성을 더한
혼합 ETF

◇◇◇

아무리 배당주라고 해도 주식에만 투자하기에는 불안한 투자자들도 있다. 배당주와 함께
채권을 담아 안정성을 높인 ETF도 있다. 특이 이런 상품은 퇴직연금처럼 원금 손실 가능
성을 최소화하고 싶은 투자처에 적합하다.

◇◇◇

주식에만 투자하기가 불안하다면

배당주로만 상품이 꾸려져 있는 ETF는 모든 포트폴리오가 주
식으로 되어 있는 만큼 부담스러울 수도 있다. 조금 더 안정적인
투자를 원하면 '혼합 ETF'로 눈을 돌리는 것도 좋다. 혼합 ETF는
배당주들에 채권을 끼워 넣어 안정성을 강화한 상품이다. 수익률
은 배당주로만 꾸려진 상품보다는 낮을 수 있지만 손실 가능성
도 낮다.

국내 대표적인 혼합형 배당 ETF인 한화자산운용의 'PLUS

고배당주채권혼합'을 보자. 이 상품은 채권 60%와 고배당주 (FnGuide 고배당주지수 추종) 40%로 구성되어 있어 2024년 6월 말을 기준으로 1년 수익률이 18.42% 수준으로 결코 낮지 않은 수익률이다. 담고 있는 상품을 보면 국고채 3년물의 비중이 가장 크고 3년 국채도 담고 있다. 이 외에 머니마켓펀드(MMF) 형태로 단기채권에도 투자한다. 채권으로 60%를 채운 후 남은 포트폴리오는 6월 말을 기준으로 우리금융지주(2.05%), 기업은행(2.03%), 현대해상(1.96%) 등 배당수익을 기대할 수 있는 금융주에 넣고 있다. 채권 비중이 높아 안정성이 크다 보니 퇴직연금의 투자처로 많이 활용되는 상품이다.

채권혼합형, 수익률은 높지 않다

퇴직연금이 아닌 일반투자 형태로, 더군다나 예적금이나 채권 등에 다달이 목돈을 넣으면서 배당투자에 나서려는 투자자에게는 군이 혼합형 ETF는 권하고 싶지 않다. 게다가 글로벌 금리 인하 시기에는 분산투자를 하고 있는 주식형 ETF만으로도 충분하기 때문에 채권의 비중을 높일 필요는 없다. 물론 채권혼합형은 '안정성'이 있다. 채권혼합형 펀드는 말 그대로 채권(국고채나 공기업 채권 등) 비중이 50~60%인 상품이다.

잠시 펀드의 구분을 알아보자. 채권형 펀드는 채권의 비중이

60% 이상인 상품을, 주식형 펀드는 주식 비중이 60% 이상인 상품을 뜻한다. 혼합형 펀드는 △주식과 채권 중 어느 하나의 자산에 60% 이상을 투자할 수 없지만 △주식비중이 50% 이상이면 주식혼합형, 채권의 비중이 50% 이상이면 채권혼합형 상품이 된다. ETF 상품도 마찬가지다.

자산분산도가 고르게 되어 있다 보니 중립적인 투자 관점을 가지고 손실을 줄일 수 있다는 점에서 채권혼합형 상품을 선택하는 투자자들도 많다. 다만 예적금의 비중이 0%이면 모를까, 배당주에 투자하는 입장에서는 굳이 채권혼합형을 추천하고 싶지 않다.

제2의 월급통장,
월배당 ETF

배당 ETF가 많아지면서 지급방식도 다양해지고 있다. 매달 돈이 들어오는 월배당 ETF도 2023년 이후부터 줄을 잇고 있다. 다만 이런 상품들은 수수료 체계나 배당 방식에 주의해서 사야 한다.

매달 꼬박꼬박 돈이 들어오는 배당주 ETF가 있다는데

2024년 6월 말 기준, 국내에 상장된 월배당 ETF는 58개에 달하며, 순자산도 7조3000억 원 수준이다. 월배당 ETF가 2022년 6월(신한자산운용)에 처음 시작된 것을 감안하면 2년 만에 눈덩이처럼 몸을 불렸다는 것이다.

월배당 ETF는 주식, 채권, 시장지수 등 구성 종목에서 나오는 배당, 이자 등 수익을 매달 분배금 형태로 투자자들에게 지급한다. 어떻게 보면 월배당 상품은 눈속임일 수도 있다. 내가 원래 받아야 할 분배금을 운용사가 시기만 달리해주는 상품이기 때문이다. 예컨대 채권 월배당 ETF라면 채권은 6개월마다 이자를 준다. 바로 이 6개월마다 나오는 이자를 운용사가 보관하고 있다가 월마다 나눠주는 것이기 때문이다. 그러다 보니 수익금을 매달 분배금으로 지급하는 탓에 장기투자할 경우 복리효과가 사라져 월배당이 아닌 ETF와 비교할 때 최종 수익률은 떨어질 수 있다.

하지만 국내외 증시 변동성이 커진 상황에서 주기적인 배당을 통해 현금을 받을 수 있다는 것은 매력적일 수밖에 없다. ETF 자체에서 복리효과는 없다고 해도 월배당금을 받은 투자자가 새로운 투자를 한다면 또 다른 자산 창출을 할 수도 있다. 예측 가능하게 나오는 분배금을 적재적소에 쓰거나 재투자해서 얻는 수익도 무시할 수 없기 때문이다.

어렵지만 쉽다는 '커버드콜'

현재 운용사들이 가장 많은 월배당금을 지급하는 상품은 커버드콜 전략 상품이다. 다만 주가가 횡보하는 경우 안정적인 수익률을 낼 수 있지만, 상승장에서는 커버드콜 전략을 사용하지 않는 상품 대비 수익률이 낮다는 점도 유의해야 한다.

커버드콜 전략이란 주식 현물을 매수할 때 그 주식을 미래의 특정 가격에 팔 수 있는 권리(콜옵션)를 동시에 매도하는 전략이

커버드콜 ETF의 구조

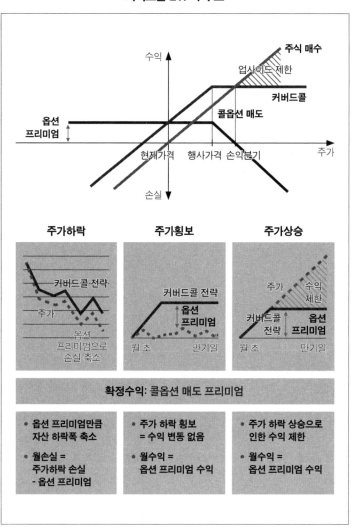

출처: 키움증권, 미래에셋자산운용

다. 주가가 오르면 콜옵션 판매를 통해 발생하는 프리미엄만큼만 수익이 발생해 수익 상단이 막혀 있는 반면, 주가 하락 시에는 콜옵션 매수자가 실제로는 옵션 행사를 하지 않을 것이므로 현물 주식에서 발생하는 손실이 한없이 커질 수 있다.

월배당 ETF는 배당주로 이뤄진 ETF가 아니다. 대신 배당금을 매달 투자자들에게 주는 ETF라 투자자에게는 배당을 누릴 수 있다는 동일한 효과가 있다. 다만 기업 밸류업 프로그램 등을 노리며 배당에 적극적인 기업에 투자하고 싶다면 월배당 ETF보다는 배당주 ETF에 투자하는 것이 좋다.

2024년 6월 말을 기준으로 가장 규모가 큰 월배당 ETF는 한국투자신탁운용의 현물형 미국 장기 국채 ETF인 'ACE 미국30년국채액티브(H)'다. 미래에셋자산운용의 'TIGER 미국배당다우존스' 'TIGER 미국배당 +7%프리미엄다우존스' 신한자산운용의 'SOL 미국배당다우존스'가 그 뒤를 잇는다. 주식뿐만 아니라 채권, 시장지수 등을 담아 다양한 전략으로 '월마다 자금을 주는 데' 집중하는 상품이라는 이야기다.

그래도 손맛이 낫지?
역사와 전통의 배당주 펀드

ETF가 대중화되면서 일반 펀드는 등한시하는 투자자들도 있지만 사람이 직접 포트폴리오를 꾸리는 배당주 펀드는 빠른 포트폴리오 교체 등의 장점도 있다. 배당투자자라면 배당주 펀드에 돈을 넣지 않아도 유명한 배당주 펀드의 포트폴리오를 가끔 살펴보는 것도 좋다.

펀드매니저들이 수시로 관리하는 관록의 상품

ETF가 지수를 추종하는 상품이라면 베테랑 펀드매니저들이 직접 운용하는 배당주 펀드도 있다. 펀드평가사 KG제로인에 따르면 2024년 6월을 기준으로 국내에는 293개 배당주 펀드가 있고 순자산액은 3조4046억 원이다. 최근 1년 수익률은 16.58%로 같은 기간 일반 주식형 펀드의 수익률(10.53%)보다 높은 성적을 거두고 있다.

국내에서 가장 역사가 오래된 펀드는 '베어링 고배당(주식)' 클

베어링 고배당 펀드와 신영밸류 고배당 펀드의 포트폴리오

베어링 고배당 펀드	신영밸류 고배당 펀드
삼성전자(18.06%)	삼성전자(11.93%)
현대차2우B(3.93%)	현대차2우B(5.65%)
KT&G(2.92%)	삼성전자우(5.12%)
SK하이닉스(2.66%)	KT&G(3.73%)
KB금융(2.43%)	HD현대(2.52%)
신한지주(2.03%)	삼성물산(240%)
기아(1.78%)	KCC(2.12%)

※2024년 5월 기준

래스A다. 무려 한일 월드컵 4강 시절인 2002년에 설정된 펀드로, 1100억 원 이상의 자금을 유치한 펀드기도 하다. 게다가 국내 배당주의 대가로 꼽히는 최상현 펀드매니저가 20년간 안정적으로 운용을 하며 미국의 9·11 사태, 제로금리, 미중 무역분쟁, 코로나19 등에도 현재까지 흔들림 없는 실적을 보이고 있다. 이 펀드는 2024년 6월을 기준으로 삼성전자(18.06%)를 가장 많이 담고 있으며, 현대차2우B, KT&G, SK하이닉스, KB금융지주, 신한지주, 기아, LG화학우 등을 포트폴리오에 넣고 있다. 삼성전자의 비중을 통해 코스피의 수익성을 최대한 따라가면서도 배당에 강한 우선주와 금융주 그리고 소비재 등으로 플러스알파 수익률을 추구한다.

국내 자산운용사인 신영자산운용의 '신영밸류 고배당 증권자

투자신탁(주식)' 역시 대표적인 배당주 펀드다. 약 4000억 원의 순자산이 모여 있는 이 펀드 역시 2003년 첫 선을 보인 상품이다. 국내 가치투자 거장으로 꼽히는 허남권 전 신영자산운용 사장이 직접 포트폴리오를 담당하다가 현재 김화진, 김원기 매니저가 운용을 맡고 있다. 이 펀드 역시 2024년 5월을 기준으로 삼성전자의 비중이 11.93%로 가장 높고, 현대차2우B, 삼성전자우, KT&G, HD현대, 삼성물산, KCC 등을 담고 있다.

베어링운용은 금융주에 주목했지만 신영운용은 지주사에 주목하고 있다는 점이 조금 다르다. 이처럼 펀드에 가입할 때는 포트폴리오를 열어보고 이 운용사가 어떤 종목에 주목하고 있는지를 살펴봐야 한다.

ETF에 밀리긴 해도 여전히 전통 맛집

투자자들의 관심이 매니저가 직접 운용하는 액티브펀드보다 ETF를 향하고 있지만, 운용사들은 여전히 펀드매니저의 관록이 담긴 액티브펀드만의 가치가 있다고 강조한다. 배당수익률이 높은 종목 외에도 시장 상황에 따라 배당을 확대할 수 있는 종목, 특별배당에 나설 수 있는 종목들을 빠르게 펀드에 담고 빼는 것은 사람만이 할 수 있다는 이유에서다. 만일 기업의 오너가 범죄에 연루되었거나 개인적 사유로 주가가 떨어진다면, ETF는 지수에서 편출(제외)되기 전까지 기다려야 하지만 액티브펀드는 바로 편출이 가능하다.

물론 사람의 몸값이 여전히 비싼 만큼 수수료는 높은 편이다. 보통 온라인을 통해 펀드에 가입하면 수수료를 조금이라도 아낄 수 있지만 판매수수료와 보수 등을 모두 합하면 약 1~2%의 비용이 부과된다.

개인투자자들이 펀드매니저들의 관록만 살짝 얻어가고 싶다면 배당주 펀드매니저들의 인터뷰나 유튜브 등을 보는 것을 권유한다. 국내에 배당주 문화가 자리 잡기 전부터 산전수전을 겪은 매니저들이 많아 종목 선정에 매우 탁월하다. 숫자만 보는 것이 아니라 해당 종목의 역사까지 잘 알고 있기 때문이다. 뿐만 아니라 유명한 배당주 포트폴리오를 인터넷에서 찾아보는 것도 종목 선정을 하는 개인투자자들에게는 큰 도움이 된다.

대다수의 배당주는 '오래 투자할 수 있는' 가치주 투자와 맞물려 있기 때문에 이들의 관점이 어떻게 바뀌는지 보고 내 포트폴리오와 비교해보는 것도 좋다.

엔비디아, 테슬라? 미국 배당주를 반드시 봐야 하는 이유는?
배당주를 고르기가 어렵다면 미국 배당주 ETF는 어떨까?
기업 밸류업 프로그램의 선배라는 일본 배당주는 어떻게 투자할까?

CHAPTER 3

50년을 배당해온 코카콜라의 비밀

배당주에 대한 감이 잡혔다면 자동차주와 금융주를 넘어 해외를 바라보는 것도 필요하다. 이제 미국 증시는 투자의 필수 덕목이기 때문이다. 보통 주식은 안전자산 가치가 상승할 때 하락하는데, 미국에 상장되어 있는 주식을 사놓으면 환율이 올라가면서 손실을 어느 정도 상쇄할 수 있다는 장점도 있다. 게다가 한국보다 배당주의 역사도 훨씬 길고 안정적이라는 장점이 있다. 게다가 미국뿐만 아니라 일본과 중국에도 배당주는 있다. 국내 주식에만 한정하지 말고 다양한 투자처의 '배당주'를 알아보자.

미국 주식이
배당주에서 유리한 이유

한국보다 자본주의가 발달한 만큼 미국은 주주들을 사로잡기 위한 '배당'에 진심이다. 3년 혹은 5년 연속 배당을 해도 '배당에 진심'이라는 소리를 듣는 코스피와 달리 미국에는 50년씩 연속으로 배당을 하는, 심지어 50년 연속 배당금을 늘려온 기업도 있다.

┌ 배당은 기본으로 주는 미국 주식

불과 5년 전만 해도 미국 주식에 투자하는 개미는 거의 없었다. 하지만 코로나19 이후 동학개미들이 서학개미로 변화하며 미국 주식은 투자의 필수가 되었다.

한국투자증권이나 미래에셋증권, 키움증권 등 대다수의 증권사들이 미국 실시간 거래 시스템을 이용해 바로 매매를 할 수 있게 서비스를 제공할 뿐만 아니라 수수료도 낮춰 편의성을 높이고 있다. 그 결과 서학개미들의 뜨거운 사랑을 받는 테슬라는 한

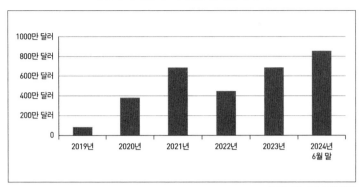

국내 투자자들의 미국 증시 보유액 추이

출처: 한국예탁결제원

국 개인투자자들의 지분만 모아도 5% 이상 된다는 외신 보도까지 나올 정도다.

하지만 미국 증시에 테슬라와 엔비디아만 있을까? 역사가 깊은 미국 주식인 만큼 우리는 배당주를 눈여겨봐야 한다. 한국이 2024년부터 '기업 밸류업 프로그램'을 가동하고 있지만 미국은 이런 프로그램을 만들 필요가 없다. 애초에 미국의 기업들이 국내기업보다 주주 친화적인 데다가 배당문화가 완전히 자리를 잡았기 때문이다.

주주친화적 경영이란 회사가 내부 유보금을 쌓기보다 주주들의 이익을 높이는 데 적극적이라는 의미다. 주가가 떨어지면 자사주를 매입해 주가를 높이고 배당을 확대해 주주들의 이익을 증가시킨다. 미국 증시에는 '배당킹(Dividend King)'이나 '배당

PART 2 배당투자, 누구나 손쉽게 할 수 있다

귀족(Dividend Aristocrat)'리스트가 있을 정도다. 배당킹은 50년 연속 배당금을 늘려온 종목, 배당귀족은 25년 이상 배당금을 늘려온 종목 중 스탠다드앤드푸어스(S&P)지수에 속해 있으면서 최소한의 시가총액과 유동성 비율을 보유한 종목으로 구성된다. 배당킹에는 월마트, 코카콜라와 쓰리엠 등이 담겨 있다. 배당귀족에는 맥도날드, 프록터앤갬블, 존슨앤존슨 등이 포함되어 있다. 이 외에도 배당금을 10년 이상 늘려온 배당성취주(Dividend Achiever)도 있다. 이들을 어디서 알아볼 수 있는지는 뒤에서 설명하겠다.

미국은 배당주만 많은 것이 아니라 배당형태도 다양하다. 국내에서는 보통 연말 재무제표가 나온 후 주주총회를 통해 배당금을 확정하여 3월에 지급하는 연배당이나 6월과 12월 등 상반기와 하반기에 각각 배당금을 지급하는 반기배당이 대다수다. 하지만 미국은 월배당과 분기배당이 더 많다.

배당을 자주 지급하면 작은 금액이라도 복리효과가 나타나 돈을 불릴 수 있는 효과가 있다. 만일 1개월마다 100원을 받으면 예금에 돈을 넣는다고 해도 이자가 계속 붙어 1년에 1200원을 받는 것보다 돈 굴리는 재미를 더욱 느낄 수 있다. 뿐만 아니라 배당이 잦으면 배당락에 대한 위험도 크지 않다.

배당을 줄이면 주주 칼바람을 못 피하는 미국

얼마 전 배당주 펀드매니저에게 "왜 미국 기업들은 배당에 적극적이고 한국 기업들은 소극적인가요?"라고 물은 적이 있다. 그 펀드매니저는 양국의 기업 경영 관점이 다른 것을 가장 큰 이유로 들었다.

전문경영인 제도가 보편화된 미국의 경우는 배당을 줄이면 경영진이 돈을 못 벌어왔다고 판단하여 옷을 벗어야 하는 경우가 많다. 반면 한국의 경우 전문경영진보다는 세습이 되는 경우가 많은 데다가 불황이면 주주도 함께 동참해야 한다는 공동체 의식이 크기 때문이라고 답했다.

어느 쪽이 맞는지는 알 수 없다. 하지만 투자를 하는 입장에서는 돈을 잘 벌어주고 내 자산을 조금이라도 증식시켜주는 기업에 눈이 갈 수밖에 없다. 그렇기 때문에 배당주에 관심을 갖는다면 반드시 미국 주식을 봐야 한다.

다음은 우리에게 잘 알려진 미국 기업들이다. 코카콜라를 마시고 존슨앤존슨 로션을 바를 때 이들 기업이 수십 년간 배당을 이어간 것을 눈여겨봐야 한다.

미국 배당주를
한눈에 보는 법

미국에는 50년 이상 배당금을 꾸준히 늘려온 '배당왕족주'가 있다. 미국의 배당투자에 처음 나선다면 '들어본 기업' 중 배당왕족주에 접근하길 추천한다. 50년간 배당금을 늘려온 기업들은 주주들의 눈치를 많이 보다 보니 배당금을 쉽게 줄이지 않는 경향이 있다.

배당주를 한눈에 보는 방법

50년 이상 배당금을 늘려온 '배당왕족주'는 2024년 6월 말을 기준으로 총 50개다. 종목은 'dividend.com/dividend-kings'에서 확인할 수 있으며, 배당왕족주에 한번 들어온 종목들은 여기에서 나가지 않기 위해 배당을 이어나가는 모습을 보인다. 특히 아메리칸스테이트워터는 70년 동안 배당을 늘려온 기업이다.

여기서는 미국의 많은 배당주를 보되 '배당금을 계속 늘려온' 종목을 찾으려 한다. 미국 주식투자의 장점 중 하나가 정리를 잘

미국 증시의 배당왕족주 50곳(단위: 달러)

순번	기업명	티커	섹터	배당증가연수
1	아메리칸스테이츠 워터	AWR	유틸리티	70
2	도버	DOV	산업	69
3	노스웨스트내츄럴홀딩스	NWN	유틸리티	69
4	제뉴인파츠	GPC	소비순환	69
5	P&G(프록터앤갬블)	PG	경기방어	69
6	파커-하니핀	PH	산업	69
7	에머슨일렉트릭	EMR	산업	67
8	3M	MMM	산업	67
9	신시내티파이낸셜	CINF	금융	64
10	존슨앤존슨	JNJ	헬스케어	63
11	코카콜라	KO	경기방어	62
12	노드슨	NDSN	산업	61
13	랭커스터콜로니	LANC	경기방어	61
14	호멜푸즈	HRL	경기방어	59
15	파머스앤머천스	FMCB	금융	59
16	ABM인더스트리	ABM	산업	58
17	캘리포니아워터서비스	CWT	유틸리티	58
18	퍼더럴리얼티인베스트먼트	FRT	리츠	57
19	스탠리 블랙 앤 데커	SWK	유틸리티	57
20	SJW그룹	SWJ	유틸리티	57
21	스테판컴퍼니	SCL	원자재	56
22	시스코	SYY	경기방어	56
23	HB풀러	FUL	원자재	56
24	커머스뱅크셰어즈	CBSH	금융	56
25	유니버셜	UVV	경기방어	55

PART 2 배당투자, 누구나 손쉽게 할 수 있다

순번	기업명	티커	섹터	배당증가연수
26	MSA세이프티	MSA	산업	55
27	내셔널퓨얼가스	NFG	에너지	55
28	알트리아그룹	MO	RUDRLQKDDJ	55
29	타겟	TGT	경기방어	54
30	블랙힐스	BKH	유틸리티	54
31	일리노이즈툴워커	ITW	산업	54
32	WW그레인저	GWW	산업	54
33	펩시코	PEP	경기방어	53
34	PPG인더스트리	PPG	원자재	53
35	애보트래보라토리	ABT	헬스케어	53
36	캐네디언유틸리티	CDUAF	유틸리티	53
37	킴벌리클라크	KMB	경기방어	53
38	로우스컴퍼니	LOW	소비순환	53
39	테넌트	TNC	산업	52
40	S&P글로벌	SPGI	금융	52
41	벡톤디킨스앤코	BDX	헬스케어	52
42	애브비	ABBV	헬스케어	52
43	월마트	WMT	경기방어	52
44	아처대니얼스미들랜드	ADM	경기방어	52
45	고먼러프	GRC	산업	51
46	뉴코	NYE	원자재	51
47	콘솔리데이티드 에디슨	ED	에너지	51
48	미들섹스워터컴퍼니	MSEX	유틸리티	51
49	RLI	RLI	금융	50
50	RPM인터내셔널	RPM	산업	50

출처: dividend.com

해놓은 자료가 너무 많고, 인터넷에서는 자동번역도 제공해준다는 것이다.

배당왕족주 50곳이라고 모두 좋은 기업이라고 할 수는 없다. 이 중에서 반드시 '선별'을 해서 투자해야 한다. 왕족주에 포함된 에머슨일렉트릭만 해도 배당을 늘려왔지만 연 평균 2% 안팎의 배당 증가에 멈춰 있다. 미국의 기준금리가 5.25~5.5%(2024년 6월 기준)인 점을 감안하면 다른 곳에 투자했을 때 더 나은 수익률을 받았을 가능성도 있다. 70년 넘게 배당을 이어온 아메리칸스테이츠워터 역시 좋은 기업임은 분명하지만 최근 1년간 주가가 16% 이상 하락했다. 결국 이 지표도 '참고' 정도만 해야 한다는 이야기다.

배당을 하는 종목 중에서도 우리에게 익숙하면서 최근 몇 년간 주가의 상승률이 견조한 기업 몇 군데를 소개한다.

62년 동안 배당 늘린 존슨앤존슨, 그런데도 '저평가'

1886년 설립된 존슨앤존슨은 존슨즈베이비로션이나 뉴트로지나 등으로 국내 투자자들에게 잘 알려져 있다. 글로벌시장에서 독보적인 지위를 누리는 존슨앤존슨은 벌어들이는 돈으로 인수합병을 하며 사업을 꾸준히 확장하는 가운데, 배당 확대도 이어가고 있다. 2024년 131억1000만 달러(17조 9600억 원)를 들여 심

혈관질환 치료기기 기업 '쇼크웨이브 메디컬'을 인수했고, 2022년에는 에이바이오메드를 사들이기도 했다. 게다가 연구개발(R&D)에도 적극적이라 연간 100억 달러를 들여 신기술 개발에 나서고 있다.

현재 영업이익률은 20~30%를 유지하면서 배당수익률은 3.2%대를 기록하고 있다. 배당성향은 지난 2023년을 기준으로 67%에 달한다. 62년 연속 배당금을 올리며 미국에서는 대표적인 경기방어주로 자리를 잡고 있다.

이미 포화된 시장에서 월등한 시장 지위를 누리고 있지만 수익성이 급격히 확대되기는 어렵다. 다만 이를 상쇄하기 위해 높은 배당금을 지급하며 헬스케어기업으로 거듭나고 있다. 존슨앤존슨은 분기배당을 통해 3, 6, 9, 12월에 배당금을 지급하고 있으며, 미국에서도 부모가 자녀에게 사주고 싶은 종목으로 꼽힌다.

워런 버핏이 찍었다, 코카콜라

워런 버핏이 가장 사랑하는 '영원한 배당킹'은 코카콜라다. 워런 버핏과 꾸준한 인연을 이어가고 있는 이 종목은 2023년을 기준으로 버핏이 시세차익과 배당금을 포함해 코카콜라 한 종목만으로 1천 배 넘는 수익을 올렸다고 말할 정도이므로 그야말로 더할 나위 없는 투자처다.

코카콜라는 1886년에 설립된 음료회사로, 코카콜라뿐만 아니라 환타, 스프라이트, 파워에이드 등 유명 음료 브랜드를 보유하고 있다. 2023년 말 기준, 매일 200여 개 국가에서 22억 개의 음료가 팔리는 것으로 알려졌다. 일각에서는 고령화 시대에 건강관리가 대세가 되면 탄산음료도 역사의 뒤안길로 사라질 것으로 예상했지만 코카콜라는 제로콜라를 통해 위기를 이겨나갔다. 뿐만 아니라 각종 스포츠행사에서 스폰서 역할을 맡으며 위기를 기회로 삼고 있다.

코카콜라 역시 존슨앤존슨처럼 62년 연속 배당금을 늘린 기업이기도 하지만 1920년부터 100년 넘게 매년 배당금을 꾸준히 지급해온 회사기도 하다. 코카콜라는 분기배당을 하며 1, 4, 7, 10월에 배당금을 지급하고 있다. 지속적인 배당금 인상과 안정적인 실적으로 장기투자 포트폴리오의 필수 종목으로 꼽히고 있으며, 현재 배당수익률은 3.5% 수준이다.

코카콜라의 라이벌 펩시, 배당도 라이벌

코카콜라의 영원한 라이벌답게 펩시도 전통의 배당주 중 하나다. 1898년 약사인 케일럽 브래덤에 의해 탄생한 펩시는 콜라 자체는 코카콜라에 밀릴지언정 게토레이, 마운틴듀, 미란다, 립톤뿐만 아니라 썬칩, 치토스, 도리토스 등 과자를 통해 매출 라인업을 확보한 글로벌 최고 음식료주 중 하나다. 코카콜라보다는 조금 짧지만 펩시 역시 50년 연속 배당금을 지급했고, 50년 연속 배당금을 늘려온 안정적인 종목이다. 배당성장률 측면에서는 코카콜라보다 오히려 높은 7.39%를 기록하고 있다.

미국 경제전문방송 CNBC는 대통령 선거가 있는 해는 증시의 변동성이 심해진다며 주식시장의 안정성을 추구하는 투자자를 위해 3개 종목을 투자 대안으로 제시했는데, 펩시와 엔브리지, 뱅크오브아메리카였다.

월마트, 아마존을 뒤쫓는 '타겟'의 55년 연속 배당 확대

타겟은 1902년 설립된 미국 대형 소매체인으로 미국 내 1800여 개 매장을 확보하고 있다. 국내에서는 다소 인지도가 떨어지지만 미국에서는 월마트나 아마존의 경쟁사로 꼽히는 기업이다. 일반상품과 식품을 함께 판매하고 있는데, 전자상거래에도 빠르게 뛰어들어 다른 소매체인보다 타격을 최소화할 수 있었다. 뿐만 아니라 2013년 캐나다에 진출하기도 했지만 시장 상황이 좋지 않자 2년 만에 모든 매장을 철수하고 미국에 집중하기로 한과감한 기업이기도 하다.

54년 연속 배당금을 늘린 타겟은 2024년 5000여 개의 소비재 가격을 내리며 경쟁에 뛰어들었다. 물가상승으로 소비심리가 침

체하면서 소비자들이 좀처럼 쇼핑을 하지 않자 파격적으로 가격을 내린 것이다. 타겟이 상황에 맞춰 빠른 결정을 하는 점이나 꾸준한 배당을 하는 점은 눈여겨볼 만하지만, 미국 시장에 초점을 맞추고 있어 미국의 정치·사회 상황에 따라 실적이 바뀔 수 있는 점은 주의해야 한다.

배당주인데 성장성까지, 바이오기업 애브비

애브비는 미국의 바이오회사로 1988년 설립된 애벗 래버러토리에서 2013년에 분사된 기업이다. 면역학 분야에서는 세계 1위를 점유하고 있으며 글로벌 시장조사기관 이벨류에이트파마가 2028년 화이자나 아스트라제네카 등을 제치고 세계 1위 제약회사가 될 것으로 전망한 회사기도 하다.

특히 세계 1위 류머티즘 치료제인 휴미라를 개발했고 휴미라의 복제약이 나오는 시기에 포트폴리오를 다각화하며 위기를 극복한 기업이다. 특허가 만료된 바이오 의약품은 복제약을 개발할 수 있도록 하는데, 휴미라의 특허권이 만료되면서 경쟁이 치열해지자 이뮤노젠, 엘러간, 세러벨 테라퓨티스 등을 인수하며 오히려 주가는 상승세를 타기도 했다. 최근에는 파킨슨병이나 만성면역질환, 신경장애 등의 치료제를 개발중이다.

애브비는 52년 연속 배당금을 늘리고 있는 배당킹 기업으로,

배당수익률은 3.7%에 달하며 배당금은 2, 5, 8, 11월에 지급하고 있다. 미국의 배당성장 대표 ETF인 SCHD에서 브로드컴 다음으로 두 번째로 많이 담은 종목이다. 미국 역시 배당주는 성장에 집중하는 바이오보다는 음식료주 같은 경기방어주가 많은 편이다. 하지만 애브비는 성장성이 강한 종목인데도 배당을 늘리며 '배당성장성'이 돋보인다는 평가를 받고 있다.

배당왕족주 외에도 봐야 할 것들

50년 이상 배당금을 올리지 않았다고 해도, 20년 이상 배당금을 올린 기업은 별로일까? 아니다. 2000년대 등장한 기업 중 눈여겨볼 만한 배당주도 있다. 25년 이상 배당금을 상향한 가운데 스탠다드앤드푸어스(S&P) 500에 포함된 기업인 '배당귀족주' 역시 눈여겨볼 만하다. 배당왕족주 중 일부가 나스닥 등 다른 시장에도 상장되어 있지만 배당귀족주는 'S&P' 상장기업만 들어올 수 있다.

그렇다면 S&P500 기업에 포함되면서도 50년 이상 배당을 늘려온 기업은 왕족주일까, 귀족주일까? 둘 다 포함된다. 코카콜라나 애브비, 도버, S&P, 타겟, 월마트 등이 여기에 해당한다.

미국 배당투자에 도움이 되는 사이트

미국에서는 배당으로 유명해도 한국인들에게 생소한 기업들도 있다. 이런 기업들을 한눈에 살펴보는 사이트가 있다. 투자는 정보력 싸움인 법, 미국 대표 배당주를 한눈에 보는 사이트인 '디비던드닷컴' '시킹알파' 등의 활용법을 소개한다.

⌐ 미국 배당투자에 빠르게 접근하자

인터넷이 아무리 편해졌다고 해도, 미국 주식에 대한 정보를 국내 주식에 대한 정보만큼 편하게 얻기는 쉽지 않다. 하지만 몇몇 사이트를 기억해놓으면 필수적인 정보는 수월하게 얻을 수 있다.

여기서 대표적인 몇몇 사이트를 소개하는데, 투자자들은 한 사이트만 보지 말고 반드시 크로스체크를 해야 한다. 같은 종목을 검색하더라도 각 사이트마다 내용이 다소 다를 때도 있고, 업데이트가 늦는 곳도 있기 때문이다.

배당투자에 가장 빠르면서 접근하기 쉬운 대표적인 홈페이지 몇 개를 소개한다.

디비던드닷컴

디비던드닷컴(dividend.com)은 배당률 4% 이상의 고배당주 리스트를 가장 잘 정리해놓은 사이트다. 배당금이 연속해서 증가한 횟수와 1년 및 5년 단위 배당성장률을 확인할 수 있다. 엑셀 파일이나 일부 도표는 유료 제공이지만 무료만 봐도 충분하다. 회원가입도 굳이 필요 없다.

홈페이지에 접속하면 상단의 'high yield(고수익)'가 보인다. 이것을 클릭하면 yield over 4%(수익률 4% 이상)를 찾을 수 있다.

이것을 캡처하면 종목의 이름이 나온다. 여기서 'Div growth(배당성장률)'를 클릭하면 배당성장률이 높은 기업들이 나오는데, 상단의 'CONSEC INCREASE'를 보면 0년, 1년, 10년이 순서대로 나온다. 이것이 배당금을 연속적으로 증가시킨 연도 수다. 또 'YIELD FWD DIV'를 누르면 배당성장률 순서대로 정렬이 되는데, 이를 보며 기업의 배당상황을 판단할 수 있다.

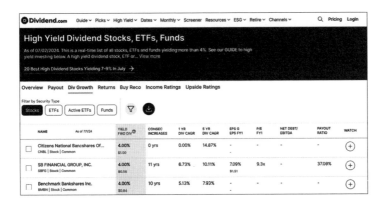

하지만 여기까지는 리스트다. 여기에 나오는 종목들을 보면서 무엇에 투자하는 것이 좋은지, 내 포트폴리오에 위험을 줄이고 이윤을 보탤 수 있는지는 경험이 필요하다.

개인적으로는 '들어본' 기업을 추천한다. 국내 투자자들이 들어본 기업들이 보통 안정성이 높기 때문이다. 하지만 좋은 뉴스 때문에 들어봤는지, 나쁜 뉴스 때문에 들어봤는지 헷갈릴 수 있

PART 2 배당투자, 누구나 손쉽게 할 수 있다

다. 그럴 때는 '배당킹'이나 '배당귀족' '블루칩' 등에 있는 리스트를 보며 하나씩 종목을 가려내면 좋을 것이다.

시킹알파

시킹알파(Seekingalpha.com)는 미국 주식을 하는 사람이라면 필수로 써야 하는 사이트 중 하나다. 유료가 있기는 하지만 무료로도 대다수의 정보를 취득할 수 있으니 무료를 쓰다가 눈에 익으면 유료로 가입하는 것이 좋다. 다만 무료를 써도 배당 관련 정보를 파악하는 것에는 충분하다.

시킹알파는 화면에 보이는 검색창에 종목을 입력해 종목 관련 정보를 알아볼 수 있는 사이트다. 이때 종목은 전체 이름이

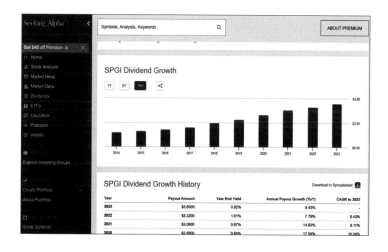

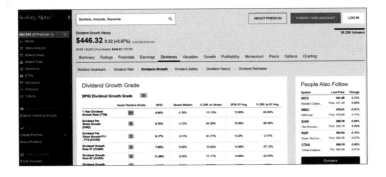

아닌 '티커'라 불리는 종목코드를 입력해야 한다. 이를테면 배당황제주 중 하나인 S&P글로벌을 보고 싶다면 SPGI를 입력하는 식이다. 이후 배당에 대해 알고 싶으니 'Dividends'를 누르고 'dividend growth(배당성장률)'를 클릭해보자. 여기서 자물쇠가 달린 자료는 유료회원만 볼 수 있다. 자물쇠가 달리지 않아도 볼 만한 자료는 있다. 스크롤을 끝까지 내리면 마법의 자료인 '연간 배당성장률'이 나오기 때문이다.

기간을 10년으로 설정하면 10년간의 배당금 그래프가 시각화되어 나온다. 이것을 통해 S&P는 꾸준히 배당금을 늘려온 회사라는 것을 알 수 있다. 그렇다면 이제 '배당성장률'을 확인하러 가보자. 상단에서 'Dividend Yield'를 클릭하면 배당수익 기록과 매년 평균적인 배당수익률을 확인할 수 있다. 영어가 어렵더라도 그래프를 통해 조금 더 쉽게 배당증감을 이해할 수 있는 금쪽 같은 사이트다.

매크로트렌즈

매크로트렌즈(www.macrotrends.net)는 개별 기업의 재무제표를 확인할 수 있다. 투자에 앞서 정보를 파악하는 데는 좋은 사이트지만 광고가 엄청나기 때문에 인내심이 살짝 요구된다. 그럼에도 불구하고 매크로트렌즈를 확인해야 하는 이유는 '재무제표' 때문이다. 어떤 기업에 투자를 할 때는 기업의 리스크가 없는지, 매출은 안정적인지를 봐야 한다.

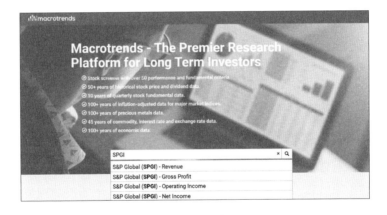

매크로트렌즈에 접속해서 검색란에 아까와 같은 S&P글로벌을 누른다. 여기서도 티커를 활용해야 한다. Revenue(매출), Gross profit(매출총이익), Operating Income(영업이익) 등 다양한 정보가 나오는데 무엇을 누르든 상관없다.

S&P Global Financial Statements 2009-2024 | SPGI

Prices Financials Revenue & Profit Assets & Liabilities Margins Price Ratios Other Ratios Other Metrics

Income Statement Balance Sheet Cash Flow Statement Key Financial Ratios

Format: Annual

Search for ticker or company name...   View Annual Reports

Annual Data | Millions of US $ except per share data		2023-12-31	2022-12-31	2021-12-31	2020-12-31	2019-12-31	2018-12-31	2017-12-31	2016-
Revenue		$12,497	$11,181	$8,297	$7,442	$6,699	$6,258	$6,063	
Cost Of Goods Sold		$4,141	$3,753	$2,180	$2,094	$1,976	$1,838	$1,694	
Gross Profit		$8,356	$7,428	$6,117	$5,348	$4,723	$4,420	$4,369	
Research And Development Expenses		-	-	-	-	-	-	-	
SG&A Expenses		$3,159	$3,396	$1,729	$1,541	$1,342	$1,424	$1,606	
Other Operating Income Or Expenses		$-34	$1,925	$11	$16	$49	-	-	
Operating Expenses		$4,336	$2,484	$1,896	$1,731	$1,497	$1,630	$1,786	
Operating Income		$4,020	$4,944	$4,221	$3,617	$3,226	$2,790	$2,583	
Total Non-Operating Income/Expense		$-349	$-242	$-57	$-389	$-296	$-109	$-122	
Pre-Tax Income		$3,671	$4,702	$4,164	$3,228	$2,930	$2,681	$2,461	
Income Taxes		$778	$1,180	$901	$694	$627	$560	$823	
Income After Taxes		$2,893	$3,522	$3,263	$2,534	$2,303	$2,121	$1,638	
Other Income		-	-	-	-	-	-	-	
Income From Continuous Operations		$2,893	$3,522	$3,263	$2,534	$2,303	$2,121	$1,638	
Income From Discontinued Operations		-	-	-	-	-	-	-	
Net Income		$2,626	$3,248	$3,024	$2,339	$2,123	$1,958	$1,496	

일단 'revenue'를 눌러보자. 누르면 다양한 S&P의 가격(price), 재무(financials), 매출(revenue & profit) 등이 나오는데 여기서 'Financial'을 누른다. 그러면 한국처럼 재무제표를 볼 수 있다.

여기서 중요하게 봐야 할 것은 Income Statement(손익계산서)의 Revenue(매출액)와 Operating Income(영업이익)이다. 매출액이 증가하고 있는지, 회사가 벌어들이는 돈이 안정적인 현금흐름을 보이고 있는지 반드시 봐야 하는 지표가 이 두 가지기 때문이다. 매출액은 기업이 제품, 서비스 등을 판매한 금액을 말한다. 하나에 100만 원하는 스마트폰을 100대 팔았다면 일 매출액은 1억 원이다. 반면 영업이익은 매출액에서 재료비를 뺀 돈이다. 휴대폰 한 대의 가격은 100만 원이지만 기판, 액정 등 재료비가 50만 원이라면 일 영업이익은 5000만 원이 된다.

PART 2 배당투자, 누구나 손쉽게 할 수 있다

그 외에도 매크로트렌즈는 차트도 볼 수 있으며 Quarterly와 Annual로 형태를 변경해 분기별 실적, 연간 실적의 흐름도 볼 수 있다. 물론 다양한 지표들을 확인해야 하지만 적어도 매출액과 영업이익만이라도 안정적인지 확인한다면 투자에서 감당할 리스크는 반 이상 줄어들 것이라 자신한다.

서학개미라면 테슬라 대신
배당주 ETF를 담아볼까?

미국에도 유명한 배당주 ETF들이 있다. 월스트리트에서도 유명한 미국 자산운용사들이 운용하는 대표적인 ETF를 소개한다. ETF의 장점은 직접투자를 할 때 놓치는 종목도 함께 살 수 있는 데다 분산 효과 덕분에 위험성이 적다는 것이다.

망설이지 말고 ETF를 선택하라

마땅한 배당주를 선택하기 어렵다면, 내가 사려고 하는 배당주가 원하는 가격이 아니라 망설여진다면 어떻게 해야 할까? 그럴 때 ETF가 제격이다. 삼성자산운용(KODEX)이나 미래에셋자산운용(TIGER) 등 국내 자산운용사도 해외 배당주에 투자하는 ETF를 운용하고 있지만 해외에 내로라하는 자산운용사들이 운용하는 ETF도 있다. 그렇다면 뉴욕 증시에 상장한 대표 배당주 ETF는 어떤 것이 있고, 어떤 장단점이 있을까?

미국의 대표 배당주 ETF '슈드'

미국의 대표적인 배당주 펀드는 Schwab US Dividend Equity ETF, 일명 '슈드(SCHD)'다. 미국 자산운용사 찰스 슈왑에서 운용하는 상장지수 펀드로 장기간 배당금을 지급해온 기업 중 기대수익률이 높은 100개의 기업에 투자한다. 다우존스 US 배당주 100지수를 추종하다 보니 펩시나 화이자, 텍사스인스트루먼트, 브리스톨, 마이어스스큅, 록히드마틴 등을 보유하고 있다.

미국에 상장한 주식답게 연 4회(3, 6, 9, 12월) 배당금을 지급한다. 최근 1년 기준 배당수익률은 3.5%에 달하며, 배당성장률도 10% 내외다. 미국의 기준금리가 5%대인 점을 감안하면 배당수익률이 아쉽다는 목소리도 있지만, 금리 인하가 시작될 경우 배당주에 대한 가치가 상승하며 주가 상승과 배당에 대한 기대감이 확대될 수 있다.

슈드는 2024년 6월 말을 기준으로 국내 투자자들이 보유하고 있는 해외 주식 6위에 올라 있다. 1위가 엔비디아, 2위가 테슬라 등 '국민주'인 점을 감안하면 국내 투자자들이 엄청나게 애정을 가지고 있는 ETF라는 이야기다.

슈드는 2011년 10월 상장하였으며, 총 보수는 0.060%로 해외 ETF 중에서도 낮은 편에 속한다. 슈드의 단점은 ISA에 적용이 되지 않는다는 점이다. 슈드는 해외 ETF인 만큼 해외 주식으로 분류되어 일반계좌로 거래한다. 그렇기 때문에 배당금을 받으면 배당소득세 15.4%를 원천징수하고 남은 금액만 들어온다. 세금을 줄이려면 개인종합자산관리계좌(ISA)를 이용하면 절세를 할 수 있지만, 미국 ETF는 ISA에 담을 수 없다. 꼭 슈드에 투자하고 싶다면 같은 지수(다우존스US 배당주 100)를 추종하는 국내 ETF인 ACE미국고배당S&P나 SOL미국배당다우존스 등을 활용하는 것도 나쁘지 않은 이유다.

미국의 성장주에 비해 수익률이 낮다는 지적도 있다. 2023년 나스닥100 ETF는 40~50%의 가파른 성장을 보인 반면, 슈드는 2% 상승하는 데 그쳤다. 기술주보다는 경기방어주나 배당에 주목하는 주식을 담고 있기 때문이다. 배당 매력은 확실하지만, 성장주의 비중이 낮아 시세차익을 기대하기 어려울 수 있어 주의가 필요하다.

미국에서도 월배당으로? JEPI

JEPI는 S&P500지수를 추종하는 커버드콜 ETF다. 배당주를 담고 있지는 않지만 월배당이라는 매력 덕분에 국내 투자자들의 입소문을 타고 있어서 소개를 한다.

이 상품은 지난 2020년부터 운용되기 시작해서 생긴 지 오래되지는 않았는데, 국내에서도 뜨거운 인기를 받는 이유는 월배당수익률 탓이다. JEPI는 연 10%대의 배당수익률을 보이고 있다. 매달 배당금을 주는 월배당형 ETF기 때문에, 1억 원을 투자했을 때 매달 거의 100만 원에 가까운 분배금을 지급받을 수 있다는 이야기다.

JEPI는 일반적인 패시브 ETF가 아니라 액티브 ETF다. 둘의 차이는 패시브 상품은 특정 지수를 정해서 그 수익률을 그대로 따라가는 형태인데, 액티브는 ETF를 운용하는 운용역에게 좀 더 자율성을 부여한다는 것이다. ETF를 운용하는 펀드매니저가 리서치를 기반으로 어떤 종목을 넣고 뺄지 결정한다. JEPI의 운용 사는 글로벌 최대 투자은행이기도 한 JP모건이다. 이 JP모건에서도 경력이 30년 이상 되는 베테랑 매니저들이 적극적으로 운용하는 상품인 만큼 장 대응을 잘 한다는 평가를 받고 있다.

JEPI가 투자하고 있는 종목을 살펴보면 굉장히 다양한 업종과 종목에 골고루 투자하고 있다는 특징이 있다. 가장 많이 담은 종목은 2024년 6월을 기준으로 마이크로소프트, 아마존이 그 뒤를 잇고 있다. 프로그레시브와 메타, 알파벳 등도 담고 있다. 다만 가장 많이 담은 종목의 비중도 단 1.74%에 불과하다. 종목별 비중을 최대 2%를 넘지 않게 해서 굉장히 분산 투자하고 있다는 의미다.

⌐ 성장주 많은 나스닥도 월배당으로? QYLD

JEPI가 S&P500지수를 추종하는 상품이라면, QYLD는 나스닥지수를 추종하는 커버드콜 월배당 ETF다. 미래에셋자산운용에서 인수한 글로벌 X라는 운용사에서 운용하는 상품으로, QYLD의 경우에도 배당수익은 연 11.77%로 상당히 높다.

2023년부터 기술주 위주의 나스닥 성과가 괜찮았기 때문에 ETF 자체의 수익률도 고공행진하고 있다. 하지만 대형주가 많은 S&P를 담은 JEPI에 비해 성장주가 많은 나스닥을 추종하는 QYLD의 변동성이 크다는 것은 염두에 두어야 한다.

QYLD와 JEPI의 가장 큰 차이점은 구성 종목이다. 여러 업종에 골고루 투자하고 많은 종목을 담는 데 집중한 JEPI와는 다르게 QYLD는 IT 기술 기업 비중이 대부분을 차지하고 있다. 2024년 6월 말을 기준으로 가장 많이 담은 종목은 마이크로소프트(8.97%)며, 애플(8.73%), 엔비디아(8.03%)도 들고 있다. 그밖에 차이점으로는 QYLD의 운용보수가 0.6%로 0.35%인 JEPI보다 비싸다는 점 정도다.

새롭게 떠오르는
일본 배당투자법

2020년 이후로 일본은 기업의 성장을 위해 밸류업 정책을 정부 차원에서 추진했다. 가오나 히타치같이 유명한 배당기업 외에도 배당 ETF를 통해 일본 주식에 투자하는 방법을 알아보자.

'잃어버린 30년'의 시대는 끝났다

2024년 코스피에서 가장 많이 나온 이야기는 '밸류업 프로그램'이다. 저평가되어 있는 상장사들의 주가를 올리기 위해 배당과 자사주 매입 및 소각 등 주주친화적인 활동을 장려하겠다는 정부의 정책이다.

그런데 '밸류업 프로그램' 이야기가 나올 때마다 일본 이야기가 나온다. 일본이 2023년 3월에 '밸류업 프로그램'을 도입해 재미를 봤기 때문이다. 일본 도쿄거래소(JPX)는 밸류업 프로그램을 가동하며 국내의 코스피 시장과 유사한 '프라임시장'과 코스닥 시장과 비견할 수 있는 '스탠다드시장'에 상장된 PBR 1배 이하 상장사를 대상으로 자본수익성과 성장성을 높이기 위한 개선 방침과 구체적인 이행 목표 공개를 공시하도록 요구했다.

일본 정부는 지속적으로 PBR이 1배를 하회하는 기업 등 개선이 필요한 상장사에 대해서는 정보 공개를 강력히 요청했다. 뿐만 아니라 기업의 노력 없이 2026년까지 PBR 1배 미만 상태가 이어질 경우에는 상장폐지 목록에 오를 수도 있다고 경고했다. 그 결과 9개월 만에 프라임시장 상장사 중 59%가 밸류업 관련 공시를 완료하거나 준비중이라고 밝혔다.

일본의 경우에는 정책도 과감했다. 우리에게도 잘 알려진 혼다는 1년간 2000억 엔의 자사주 매입에 나선다고 밝혔고, 미쓰비시상사도 400억 엔의 자사주 매입을 내걸었다. 배당뿐만 아니라 메타버스나 인공지능(AI) 등 새로운 시장에 진출한다는 목표를 내건 기업(다이니폰프린팅, JVC켄우드)도 있었고, 오프라인 영업소를 없앰으로써 새는 돈을 줄이겠다는 기업(가나모토)도 있었다. 이에 성장세가 둔화하며 '잃어버린 30년'에 비견할 정도로 침울했던 일본 기업들은 배당을 비롯한 주주환원 활동을 통해 재평가를 받았고, 그 결과 1년 뒤인 2024년 닛케이지수는 4만을 돌파하게 되었다.

국내 투자자들이 눈여겨볼 만한 일본 대표 배당주를 소개한다. 다만 일본 주식투자에 나설 때는 엔화를 잘 살펴봐야 한다. 2012년만 해도 100엔은 한국 돈 1400원에 달했지만 2024년 6월 말 860원으로 내려온 상태다. 일본 정부가 돈 풀기에 나서며 엔화 가치가 떨어진 것이다. 주가변동성보다 환율변동성이 심한 국가 중 하나라 투자에 주의를 해야 한다. 다만 엔화 가치가 오른다면(원화 가치 저하) 수익은 플러스가 될 수 있다. 예를 들어 A사 주식 1주를 100엔에 산다고 했을 때, 2024년 6월에는 860원을 들여야 하지만, 엔화 가치가 올랐을 때 판다면 860원 이상의 한국 돈을 받을 수 있기 때문이다.

34년 동안 배당금 늘린 일본판 배당킹 '카오'

미국 증시에서도 50년 이상 배당을 늘려온 기업이 투자 신뢰성이 높듯이 일본에서도 장기간 배당금을 늘려온 기업이 인기다. 특히 카오는 2024년 6월을 기준으로 34년 연속으로 배당금을 늘린 일본의 배당킹 기업이다. 국내에서는 시세이도그룹과 함께 어깨를 나란히 하는 화장품 기업으로 유명한데, 일본에서는 비누나 세탁용품, 기저귀 등을 만드는 일본판 P&G로 알려져 있다.

카오는 1887년 설립된 기업으로 1890년 얼굴(かお, 카오)과 발음이 같은 화왕(花王, 카오)이라는 이름의 비누를 출시한 것이 그룹의 이름으로 자리 잡게 되었다. 2000년 이후에는 가네보를 인

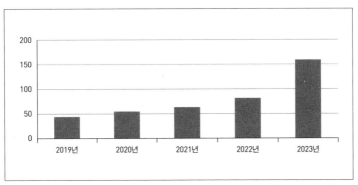

카오의 연결 배당성향(단위: %)

출처: 카오 홈페이지

수해 자회사로 만들며 화장품업계 장악력을 높였다. 중국 수출비중이 커 코로나19 시절인 2020년부터 2023년까지 역성장을 하기도 했지만 2024년부터 다시 실적은 오름세를 타기 시작했다.

현재 배당수익률은 2.7%로 낮아보일 수 있지만 34년 연속 배당금을 인상했고, 연평균 인상률도 4.4%에 달한다. 2023년 회계연도 배당은 주당 150원씩 배당에 나서며 전년보다 2배의 주당 배당금을 지급하기도 했다. 배당금뿐만 아니라 자사주 취득에도 앞장서는 기업으로 연간 500억 원의 취득이 이어지고 있다. 2008년 미국발 금융위기에서도 배당금을 늘린 배당성장주기도 하다. 행동주의 펀드인 오아시스펀드가 주요 주주로 활동하며 상품 수 줄이기, 수익성 없는 브랜드 폐기, 경영자원 집중 등을 주주제안으로 내놓기도 했다.

┌ 체질 개선에 성공한 100년 넘은 회사, 히타치

일본기업에 관심이 없는 사람들도 히타치는 한 번 정도 들어 봤을 것이다. 전기전자부터 시작해 중공업, 에너지까지 뛰어든 일본의 복합기업으로 서버나 스토리지, 가전제품은 물론 엘리베이터, 고속철도까지 만든다. 2022년에는 클래리벳트애널리틱스(옛 톰슨로이터)가 선정한 세계 100대 글로벌 혁신기업에도 이름을 올렸다.

1920년 설립된 이 회사는 2008년 금융위기 시절 7880억 엔에 이르는 대규모 적자를 내며 본사 사옥도 팔 정도의 경영난을 겪었다. 하지만 2010년 들어 다시 흑자로 돌아서기 시작해 2023년에는 5899어 엔(5조원)의 순이익을 거뒀다.

그 사이 주가가 급등했는데도 불구하고 2008년 회계연도(2008년 4월~2009년 3월) 주주총회가 열렸던 2009년 6월을 대비하면 2023년 회계연도 주주총회가 열린 2024년 6월의 주가는 무려 12배가 올랐다.

2023년 회계연도 기준 히타치의 배당금은 180엔으로 배당수익률은 0.97%에 불과하다. 하지만 히타치를 추천하는 이유는 자사주 매입과 소각 등을 통해 주주환원을 계속 펼치고 있어 배당금 증액 가능성도 크기 때문이다.

히타치는 '일본판 밸류업' 공시에서 PBR을 높이기 위해 1조

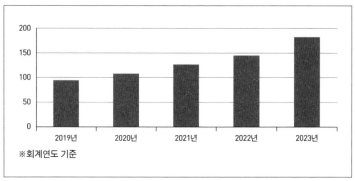

히타치의 1주당 배당금(단위: 엔)

※회계연도 기준

출처: 히타치 홈페이지

엔을 들여서 성장산업에 투자하겠다고 밝혔다. 생성형 인공지능
(AI)에 3000억 엔, 제조분야와 녹색전환에 2000억 엔, 사회인프
라서비스에 2000억 엔을 투자할 계획이다. 또 인수합병(M&A)에
남은 3000억 엔을 들일 예정이다. 일본 정부 탓에 주주환원정책
을 계속 펴야 하는 가운데 미래 성장에도 재원을 투자하는 만큼
눈여겨보는 것이 좋다.

모르겠으면 ETF로

일본 역시 다양한 ETF를 제공하는데, 배당을 노린다면 리츠
ETF에 관심을 가져도 좋다. 일본은 미국에 이어 리츠 규모가 두
번째로 큰 나라다.

일본 리츠는 최근 몇 년간 글로벌 금리 인상과 엔화 약세로 부진했지만 2024년에 들어 증시가 살아나고 기업의 수출이 회복되며 도쿄와 오사카 등 대도시의 오피스 빌딩들이 가격을 회복하는 모습을 보이고 있다. 게다가 리츠 기업 역시 일본거래소가 제시한 밸류업의 대상으로 자기자본이익률(ROE) 개선과 자본 효율화를 해야 하는 상황이다.

일본 대표리츠 ETF는 'NEXT FUNDS TSE REIT지수 ETF'다. 도쿄증권거래소가 만든 J리츠지수를 추종하는 ETF로 5년간 연평균 배당률이 3.5% 수준을 기록중이다.

일본에 상장된 기업 중 배당수익률 상위 25개 종목에만 투자하는 'Global X MSCI SuperDividend® Japan ETF'도 있다. 2024년 6월을 기준으로 가오사키기선, 미쓰이OSK라인스 등 국내에는 생소하지만 일본 내에서 고배당주로 꼽히는 종목들을 들

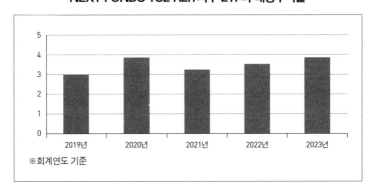

NEXT FUNDS TSE REIT지수 ETF의 배당수익률

※회계연도 기준

고 있는 ETF다. 2021년 배당수익률은 4.4%, 2022년 5.1%, 2023년 4.1%로 안정적인 수익을 제공하고 있다.

이 외에도 PBR 1배 미만의 기업만 모아서 살 수 있는 ETF 'PBR Improvement over 1x ETF'도 있다. 일본 정부와 도쿄증권거래소가 밸류업 정책을 계속 펴고 있다는 점에서 수익률 상승이 기대되지만, 2023년 본격적으로 상장된 만큼 역사는 짧은 편이다.

중국도
배당주는 通한다

사회주의 국가인 중국은 공익을 강조하는 만큼 배당에 진심인 나라다. 게다가 2024년부터 자본시장 업그레이드를 위한 정책들을 내놓고 있다. 다만 중국은 한국과 자본 시스템이 다르기 때문에 투자에 유의가 필요하다.

중국, 생각보다 배당을 강조하는 나라

'중국은 배당주의 국가'라고 이야기하면 열에 아홉은 말도 안되는 소리라고 생각한다. 하지만 중국은 오히려 공익을 중시하기 때문에 배당을 강조하고 있다.

중국 상장기업협회에 따르면 2023년 회계연도 기준 현금배당을 한 상장사는 3859개며, 배당금 총액은 2조2400억 원에 이른다. 매해 역대 최대 규모를 경신하고 있으며 중국 A주 기준 배당성향은 42%에 이른다. 순이익의 40%를 배당으로 환원했다는 의미다.

게다가 2024년 중국도 '밸류업'에 합류했다. 중국 국무원은 2024년 5월 증시 부양을 위한 조치로 '자본시장 업그레이드를 위한 관리감독 강화 가이드라인-신국9조'를 발표했다. 이는 국무원이 발표한 자본시장 관련 9개 조항을 의미한다. 구체적인 내용은 IPO, 상장 기업, 상장폐지, 증권 및 운용사 관련 감독관리, 중장기 자금의 주식시장 유입 등이다. 특히 중장기적인 자금 유입을 위해 다년간 현금배당을 하지 않았거나 적은 기업에 관리 종목 지정을 비롯한 페널티(벌칙)를 부여하며 강제성을 두었다.

중국 증시에 투자할 때는 주의할 점이 있다. 중국의 배당제도는 한국과 많이 다르다. 한국의 기업들(12월 결산법인)은 주식시장의 마지막 날인 12월 30일이 배당기준일이지만, 중국의 상장사들은 2월에서 6월 사이 열리는 주주총회에서 일정을 결정한다. 사실상 5월에서 8월 사이에 대부분의 기업들이 각각 다른 날짜에 배당기준일과 배당락을 정하고 배당지급을 실시한다. 특히 상해 시장은 국유은행 등 배당성향이 높은 금융 회사들이 다수 상장되어 있어 6, 7월에 배당이 집중되어 있다. 이처럼 배당금을 받기 위한 투자일자가 다르기 때문에 한국 상장기업들의 배당투자와는 다른 관점으로 접근해야 한다.

세계 패권을 둘러싼 중국과 미국의 갈등이 이어지며 중국 주식 전반에서 자금이 유출되는 점도 주의해야 한다. 과거에는 관세를 부과하는 종목 위주로 등락이 나타났지만 최근에는 양국의 갈등이 이어지며, 중국에 투자한 미국이나 유럽 자금이 추세적으로 이탈하고 있어 배당과 상관없이 주가의 하락세가 나타날 수도 있다.

중국 통신망을 꽉 잡고 있는 차이나모바일

차이나모바일은 중국의 국영 이동통신사다. 중국 본토와 홍콩, 마카오에서 이동통신사업을 하고 있다. 전 세계에서 가장 많은 가입자를 보유하고 있는 이동통신사기도 하다. 중국 대표 이동통신사답게 상하이증권거래소와 홍콩증권거래소에 모두 상장되어 있어 국내 투자자들도 접근하기 편하다. 주주는 100% 국유자산감독관리위원회(중국 국무원 내 조직)다.

이동통신사업만 하면 '거지도 QR코드로 동냥을 한다'는 중국 시장에서 성장성이 없을 수 있다. 차이나모바일은 기업용 인터넷, 클라우드 사업에서도 두각을 보이는데, 2023년 연간 성장률이 22.6%에 달한다. 중국 가정용 인터넷 사업도 영위하고 있다.

중국의 대표적인 배당주로, 일명 '배당왕'이라고 부르는데 2023년 한 해 배당률이 71%에 달한다. 한 해 동안 주당 총 4.83 홍콩달러의 배당금을 지급했는데 이는 2022년 대비 9.5% 증가한 것이다. 2023년 지급된 총 배당금은 1032억7800만 홍콩달러(약 17조7000억 원)에 달한다.

차이나모바일의 주당 배당금 추이(단위: 홍콩달러)

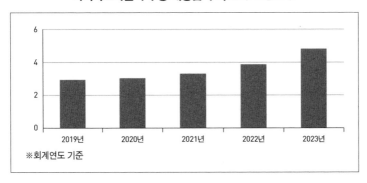

※회계연도 기준

불확실성이 있긴 해도 중국의 디지털경제가 잠재력을 가지고 있다는 점은 확실하다. 배당에 성장잠재력을 더하면 투자 매력이 높다는 평가다. 물론 중국정부가 알리바바나 바이두 등 기업 옥죄기에 나서기도 했지만 차이나모바일은 100% 국유기업이라 이런 우려도 덜 수 있다.

안정적인 배당을 기대하면서 성장하는 중국의 디지털경제에 투자하고 싶다면 차이나모바일은 나쁘지 않은 선택으로 보인다.

중국 수도 베이징이 뒷배, 베이징홀딩스

중국 국무원 산하인 차이나모바일과 달리 베이징시의 기업인 베이징홀딩스는 '홀딩스'라는 말대로 지주회사다. 에너지(가스 및 파이프라인), 환경(고체폐기물처리 및 수처리)은 물론 현지 최대 양조업체 중 하나인 연경맥주의 지분을 약 80%가량 보유하고 있다. 베이징홀딩스의 최대 매력은 알짜 기업의 투자회사라는 점이다. 베이징가스(23.39%)와 북경수도그룹(41.13%), 연경맥주(79.77%), 북경환경그룹(50.40%) 등 상장사의 지분을 보유하고 있어 실적변동성이 크지 않고 순이익이 양호하다는 것이다. 지주회사다 보니 영업이익보다 순이익이 많은 기현상까지 나타나고 있다.

자회사도 알짜배기 자회사들만 보유하고 있다. 베이징가스는 베이징에 가스를 독점 공급하는 기업으로 페트로차이나 베이징파이프라인 지분 40%와 VCNG의 지분 20%를 보유하고 있다. 이 지분가치만 해도 6조 원에 이르는데 베이징홀딩스의 시가총액은 2024년 6월을 기준으로 6조 원이다. 차이나가스는 중국의 5대 가스 기업 중 하나며 연경맥주는 설화맥주, 칭다오맥주와 함께 중국의 3대 맥주다. 중국 내에서는 칭다오맥주보다 오히려 연경맥주가 저렴한 덕분에 더 많은 인기를 얻고 있다.

중국의 다른 산업들은 정부의 정책 변화나 규제에 따라 변동이 심할 수 있지만 에너지사업과 환경사업은 중국의 경제발전과 함께 갈 수밖에 없다. 그리고 연경맥주 역시 소비심리가 확대할수록 매출이 늘어나는 구조다. 그런 의미에서 베이징홀딩스는 배당매력 외에도 성장성 측면에서 눈여겨볼 만하다. 연간 배당수익률은 6.30%에 달한다.

여전히 원금 손실은 감당하고 싶지 않다면?

예금이나 적금보다는 조금이라도 높은 수익률을 원한다면?

채권투자는 무엇을 봐야 하고, 어떻게 해야 할까?

CHAPTER 4

생소하지만
안전한 투자처,
채권

아직 원금 손실이 내키지 않을 수 있다. 보수적인 투자자라면 원금은 그대로 보존하면서 꼬박꼬박 배당처럼 수익을 받을 수 있는 채권투자도 고려해볼 만하다. 채권은 발행사가 부도만 나지 않는다면 원금을 보장받을 수 있고, 발행사가 정한 날짜에 꼬박꼬박 배당처럼 이자를 받을 수 있다. 그렇다면 채권은 무엇일까?

채권투자가
처음이라면

채권은 기업이 필요한 자금을 빌려주고 받는 권리다. 돈을 그냥 빌려줄 수는 없으니 여기에 이자까지 쳐서 받는 구조. 원금 손실 가능성이 거의 없는데 이자까지 받을 수 있으니 배당주와 비슷한 성격을 가진 투자처로 볼 수 있다.

원금 보장에 이자까지, 채권의 매력

꼬박꼬박 배당금이 나오는 투자를 원하는 투자자라면 주식 외에 관심을 가질 만한 투자처가 또 하나 있다. 최근 개인투자자들의 관심이 높아진 채권이다.

채권은 대표적인 안정적인 투자처로, 원금이 보장되면서 이자까지 꼬박꼬박 받을 수 있다는 장점이 있다. 배당과 성격이 비슷한 투자처이기 때문에 배당투자로 원금 손실이 신경 쓰이는 투자자라면 투자를 고려해볼 만하다.

그렇다면 채권은 무엇일까? 기업이 경영을 하다 보면 돈이 필요하다. 주식은 필요한 돈을 사람들에게 투자받는 것을 말한다. 기업에 주식으로 투자한 사람들은 '주주'가 되어 투자한 규모만큼 회사의 경영에 참여할 수 있다.

채권은 기업이 사람들에게 필요한 돈을 '빌리는 것'이다. 친구 사이에도 돈을 빌리면 이자를 받는데 기업에 돈을 빌려주는 것은 더더욱 원금만 빌려줄 수는 없다. 따라서 원금에 이자까지 쳐서 돈을 빌려주는 개념이 채권이다. 즉 나는 그 기업에 대해 원금에 이자까지 돌려받을 권리가 있다. 다만 주식처럼 기업에 투자한 것은 아니기 때문에 기업의 경영에 대해서 참여할 권리는 없다.

채권 가격과 금리의 관계

채권은 그 종류가 다양하다. 발행하는 주체가 누구인지에 따라서 종류를 나눈다. 한국, 브라질처럼 국가가 발행하는 채권은 국채라고 한다. 은행이 발행하면 은행채, 한국전력 등 공공기관이 발행하면 국공채, 삼성전자와 같은 일반 기업이 발행하면 회사채라고 한다.

돈을 빌려준 뒤 돌려받을 가능성이 높기 때문에 채권의 안정성을 말하는 신용도가 높을수록 이자에 해당하는 금리가 낮다.

군이 높은 이자를 주지 않아도 돈을 쉽게 빌릴 수 있는 것이다. 반대로 돈을 빌려줬을 때 돌려받을 가능성이 낮은, 즉 신용도가 낮을수록 더 높은 금리를 제시해야 돈을 빌려줄 사람을 찾을 수 있다.

이는 채권 금리와 가격이 반대로 움직이는 이유와 비슷하다. 채권은 발행 시 금리가 고정된다. 만약 1000원의 5%인 50원을 이자로 받는 채권을 샀다고 가정해보자. 이 채권을 매수해서 보유하고 있는 사이에 한국은행이 내가 보유하고 있는 채권과 같은 5%로 갑자기 기준금리를 올려버렸다.

내가 아무리 좋은 회사채를 보유하고 있더라도 그것이 국가 신용등급보다는 좋을 수 없다. 시장에서는 같은 금리라면 안정성이 훨씬 높은 국채를 사려고 난리가 난다. 당장 나조차도 들고 있는 회사채를 팔고 국채로 갈아타고 싶다.

결국 시장에는 너도나도 회사채를 팔려는 매도자들만 가득하게 될 것이다. 원금인 1000원에 내놔도 아무도 사려 하지 않는다. 그나마 원금보다 가격을 낮춰야 사려는 사람이 나오니 가격이 떨어질 수밖에 없다.

채권의 가장 큰 투자매력은 '안정성'이다. 채권은 대표적인 안전자산으로 분류된다. 신용등급이 아주 낮은 기업의 경우가 아니라면 일반적으로 채권을 발행한 기업이 부도가 나는, 쉽게 말해서 망하는 경우가 아니라면 원금에다가 이자까지 받을 수 있기 때문이다. 게다가 일반적으로 회사채는 이자를 3개월 주기로 받을 수 있다. 꼬박꼬박 분기배당을 받으면서 원금까지 보존할 수 있는 투자처인 셈이다.

매달 이자를 주는
채권

채권의 종류는 이자를 지급하는 방식에 따라 나뉜다. 정해진 기간에 이자를 지급하는 이표채가 있다. 또 이자를 지급하는 방식에 따라 할인채와 복리채도 있다. 최근에는 매달 이자를 지급하는 월이표채도 늘어나는 추세다.

⌐ 채권의 종류는?

일반적으로 채권, 특히 회사채는 3개월에 한 번씩 이자를 지급한다고 앞서 언급했다. 그런데 모든 채권이 이렇게 이자를 지급하지는 않는다. 대표적으로 이표채, 할인채, 복리채의 세 가지 이자 지급 방식이 있다.

이표채는 정해진 기간마다 이자를 지급하는 채권을 말한다. 우리나라의 회사채 대부분이 이표채에 속한다. 만기가 정해져 있고 이자가 고정금리인 채권이다. 이런 채권에 투자하면 만기까지

2024년 월 이자 지급식 채권 발행기업

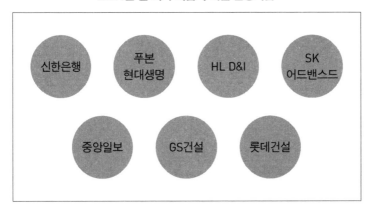

정해진 기간 동안 이자를 받을 수 있다.

최근 들어서는 '월이표채'가 부쩍 늘어났다. 월이표채란 매달 꼬박꼬박 이자를 지급하는 채권을 말한다. 최근 채권 시장에 개인투자자들이 크게 늘어나면서 이들을 노리는 발행사들이 택하는 채권이다. 매달 이자를 지급하는 방식이다 보니 일반적으로는 신용 리스크가 있어 자금 조달이 쉽지 않은 기업들이 택한다.

2023년에는 코로나19 이후 자금 조달에 어려움을 겪고 있는 CJ CGV가 월이표채를 발행했고, 2024년 들어서도 역시 시장에서 정상적으로 자금 조달이 쉽지 않은 GS건설이나 푸본현대생명 등이 월이표채를 선택했다. 이들은 대부분 6~7%대 금리를 내세우고 있다. 자금을 조달해야 하다 보니 상대적으로 높은 금리에 월이표채 방식을 내세운 것이다.

앞서 설명한 채권의 특성상 금리가 높다는 것은 그만큼 시장 수요가 적다는 뜻으로, 신용 리스크가 큰 기업들이 대부분이다. 매달 나오는 이자를 생각하면 매력적인 투자처임은 분명하지만 어느 정도 투자 위험도가 존재할 수 있다는 사실을 인지하고 투자에 나서야 한다.

할인채와 복리채의 차이

할인채는 액면 금액보다 채권 가격이 낮게 발행되는 채권을 말한다. 발행 당시에는 그렇지만 만기 시에 액면 금액으로 상환된다. 이때 할인한 금액(액면 금액-발행가액)이 이자가 된다. 즉 채권을 액면가보다 싼 가격에 사고 만기일에 원래의 액면가로 돌려받는 방식으로 이자를 받는 것이다.

액면 금액이 1000원인 채권을 950원에 할인채 발행했다고 가정해보자. 그러면 이 할인채의 이자율은 1000원-950원인 50원을 발행가액인 950원으로 나눈 값인 0.052×100을 한 5.2%가 되는 것이다. 일반적으로 통화안정증권이나 재정증권 등 금융채가 여기에 속한다.

마지막으로 복리채는 이표채처럼 일정한 이자 지급 주기를 가지고 있는 채권이다. 하지만 이 이자가 투자자에게 지급되지 않고 만기까지 복리로 재투자된다. 원금에 이자까지 포함한 복리금액은 만기와 함께 일시에 받을 수 있다. 보통 국민주택채권이나 지역개발채권 등이 대표적인 복리채다. 시간이 지나면서 이자에 다시 이자가 붙기 때문에 복리채는 투자 기간이 길어진다면 수익도 늘어나게 되는 구조를 가지고 있다.

국채와 회사채, 무엇을 사는 것이 좋을까?

이자는 낮아도 부도가 날 가능성이 낮은 채권을 원한다면 국채, 상대적으로 이자 수준이 국채보다는 높지만 부도 위험성도 등급에 따라서 어느 정도는 생각해야 하는 회사채 중 본인의 투자성향에 맞춰서 선택하면 된다.

국채는 어떻게 살까?

개인이 일반적으로 매수하는 채권은 국채나 회사채다. 최근 들어서 금리가 높은 회사채 매수가 많아지긴 했지만 국내에서 개인 채권 순매수 상위 종목에 자리하는 것은 주로 국채다. 국채는 국가가 발행한 채권으로, 국가 부도 사태가 발생하지 않는 한 원금 손실이 발생할 수가 없다. 국내에서 발행되는 채권 중 가장 안정성이 높은 채권이라고 할 수 있다. 하지만 그만큼 수익률이 낮다. 따라서 일반적으로 개인투자자들에게는 만기가 20년이나

30년인 장기물이 인기가 높다. 만기가 길수록 그나마 수익률이 높기 때문이다.

개인은 발행시장에 참여하는 방식으로 국채를 살 수 있다. 국채 전문 딜러로 지정된 기관에서 계좌를 개설하면 된다. 입찰 전날까지 국채 전문 딜러에게 매입 희망금액을 적어 내고 입찰보증금을 납부하는 방식이다. 최저 입찰 금액은 10만 원이다. 경쟁입찰 발행 예정금액의 20% 범위 내에서 일반인에게 우선 배정되는데 금리는 개인이 결정할 수 없다.

이것보다 좀 더 쉽게 개인이 국채를 살 수 있는 방법은 유통시장에서 직접 매입하는 것이다. 개인이 직접 채권시장에서 매입할 수도 있고, 증권사와 협의해서 매입도 가능하다. 채권을 개인이 직접 매입하는 방식은 다음에서 자세하게 다룰 예정이다.

─ 국채나 회사채냐, 그것이 문제로다

국채는 이름만 봐도 표면이자율과 만기일, 발행연도를 알 수 있다. 개인투자자들에게 2024년 인기가 높은 국채인 '국고 01375-2409(19-5)'의 예를 들어보자. 제일 앞에 붙은 '국고'는 국고채라는 채권의 종류를 말하며, 뒤에 01375란 표면이자율을 말한다. 이 경우 연 환산이자가 1.375%라는 뜻이다. '-' 뒤에 붙는 숫자는 만기일을 말한다. 이 채권은 2024년 9월이 만기고, 괄

증권정보포털 '세이브로'

채권
전체열기

| 시장현황 |
| 채권종류별발행만기현황 |
| 발행인별발행잔액조회 |
| 채권종류검색 |
| 종목상세조회 |
| 국채 |
| 지방채 |
| 지방공사채 |
| 특수채 |
| 금융채 |
| 일반회사채 |

채권만기수익률 · 기준일 2024/06/14

구분		신용등급	3M	6M	9M	1Y	3Y	5Y	10Y	20Y
국채	국고채권	당국, 외평, 재경	3.41	3.54	3.36	3.36	3.24	3.26	3.3	3.27
	국민주택1종	국민주택1종	3.25	3.22	3.23	3.19	3.21	3.16	3.44	3.5
	국민주택1종	국민주택1종 및 기타국채	3.44	3.44	3.42	3.4	3.34	3.39	0	0
지방채	서울도시철도	서울도시철도채권	3.52	3.51	3.50	3.49	3.52	3.43	0	0
	지역개발	지역개발채권 및 기타지방채	3.52	3.51	3.53	3.49	3.52	3.43	3.68	3.7
특수채	공사채 공단채	특수채 AAA	3.53	3.56	3.54	3.53	3.41	3.39	3.47	3.49
		특수채 AA+	3.56	3.61	3.61	3.6	3.54	3.54	3.66	3.73
		특수채 AA0	3.63	3.69	3.7	3.7	3.69	3.69	3.8	3.87
		특수채 AA-	3.76	3.82	3.85	3.9	3.84	3.83	5.92	4
	예금보험	예금보험채	3.47	3.5	3.47	3.46	3.35	3.30	3.42	3.42
	MBS	MBS	3.48	3.50	3.57	3.51	3.50	3.55	3.61	3.62
통안증권	-	통안증권	3.46	3.44	3.4	3.35	3.31	0	0	0

호 안의 숫자는 발행일이다. 이 채권의 경우 2019년 5월에 발행된 채권으로, 2024년 9월에 만기를 앞둔 5년 만기 채권이다.

회사채는 위험도가 높기 때문에 상대적으로 금리가 높다. 특히 회사채는 신용등급에 따라서 금리 수준이 달라지기 때문에 채권투자에 따른 수익률을 대략적으로라도 가늠하기 위해서는 신용등급에 따른 금리 수준이 어느 정도인지를 확인해볼 필요가 있다.

이를 위해서는 증권정보포털 '세이브로(seibro.or.kr)'에서 '채권 → 채권만기수익률' 메뉴를 확인하면 된다. 다만 금리는 매일 약간의 변동이 있을 수 있기 때문에 자주 들어가서 금리 수준을 확인하는 것이 중요하다.

본인의 투자성향에 따라서 다르기 때문에 회사채에 투자할 것인지 국채에 투자할 것인지는 정답을 내릴 수 없는 문제다. 낮은 수준이라도 리스크 없이 꾸준히 이자를 받는 투자를 원한다면 국채에 투자하는 것이 좋고, 약간의 위험을 감수하더라도 상대적으로 높은 수준의 이자를 꾸준히 받기를 원한다면 회사채를 선택하는 것이 좋다. 무엇이 옳고 그른가의 문제가 아니니 본인이 신중히 생각하고 선택하면 된다.

PART 2 배당투자, 누구나 손쉽게 할 수 있다

채권은
어디서 어떻게 사야 하나

◇◇

채권 매매도 주식처럼 HTS나 MTS를 통해서 할 수 있다. 다만 주식처럼 유동성이 풍부하지 않기 때문에 내가 원하는 시기에 원하는 가격으로 바로 매도나 매수가 쉽지 않을 수 있다는 점을 염두에 둬야 한다.

◇◇

채권 매매는 어떻게 할까?

채권도 주식과 같이 HTS나 MTS를 사용해서 거래할 수 있다. 거래를 원하는 증권사에 계좌를 만들고 HTS나 MTS를 설치하면 된다.

채권 거래는 어디서 구매하느냐에 따라 장내거래와 장외거래로 분류한다. 장내거래는 한국거래소 채권시장을 이용한 매매다. 거래소에 상장한 채권을 직접 매매하는 것이기 때문에 수수료가 일정하고 다양한 채권을 볼 수 있다. 하지만 유동성이 많지 않아

내가 사거나 팔기를 원하는 금리와 가격의 채권을 찾기가 쉽지 않다는 단점이 있다.

따라서 개인투자자들이 주로 채권을 매매하는 것은 장내거래다. 증권사가 기업이 발행한 채권을 대규모로 매입해오면 이를 개인이 증권사에서 매긴 수수료를 내고 거래하는 구조다. 채권 정보를 상대적으로 알기 쉽지만 증권사에서 보유하고 있는 채권만 거래할 수 있고, 증권사 수수료로 인해 가격도 비싼 편이다.

잔존기간에 따라 거래수수료가 달라진다

채권은 만기까지 남은 기간, 즉 잔존기간에 따라 1년 미만, 1년 이상, 2년 이상 등으로 거래수수료가 다르다. 그동안 이벤트가 많았던 주식거래에 비해서 상대적으로 채권거래 수수료는 높은 편이었는데, 2024년에 들어 채권거래가 늘어나면서 증권사별로 이벤트가 늘었다.

일부 증권사에서는 한시적으로 장내 채권 거래 시 부과하는 거래수수료를 인하하는 등 채권 개인투자자들을 잡기 위한 이벤트가 상당하므로 이를 활용하는 것도 방법이다.

개미도 사는
브라질 채권

채권도 해외투자를 할 수 있다. 국내에서 인기가 높은 해외 채권 중 하나는 브라질 채권이다. 상대적으로 금리가 높다는 점이 투자 매력으로 꼽힌다. 하지만 해외 채권 투자에서는 환율 등도 따져봐야 한다.

채권도 해외투자가 가능하다

최근 주식에도 해외 주식투자 바람이 부는 것처럼 채권도 해외 채권을 살 수 있다. 국내에서는 한때 일명 브릭스(BRICs: 브라질, 러시아, 인도, 중국, 남아프리카공화국 등 신흥경제국)로 불리는 신흥국 채권투자가 유행이었다. 그중에서 브라질 채권은 연 10%대 수익률과 함께 비과세 혜택으로 국내에서 투자하는 개인투자자들이 상당했다. 개인투자자들의 브라질 국채 누적 매수 규모만 10조 원을 훌쩍 넘기기도 했다.

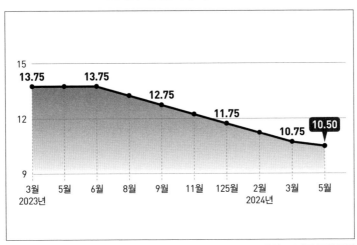

브라질 기준금리 추이(단위: %)

출처: 브라질 중앙은행

브라질 채권이 인기 있었던 이유 중 하나는 상대적으로 높은 브라질의 금리 수준이 꼽힌다. 현재 브라질의 기준금리는 10.5% 다. 2023년부터 무려 7번이나 금리 인하에 나선 것이 이 정도 수 준이다. 현재 한국 기준금리는 3.5%인데 브라질 금리가 한국 금 리보다 3배는 높다. 이는 곧 브라질 채권에 투자할 경우 높은 이 자를 기대할 수 있다는 말이 된다.

실제 2024년 6월 초를 기준으로 브라질 국채 10년물의 금리 는 12.05%다. 연 수익이 10%를 넘어선다는 소리인데, 한국 국채 10년물 금리가 3%대를 기록하고 있다는 것과 비교하면 브라질 국채는 매력적인 투자처일 수밖에 없다.

브라질 채권이 인기인 이유

브라질 채권에 대한 인기가 꾸준한 또 다른 이유는 자본차익을 노릴 수 있기 때문이다. 자본차익이란 낮은 가격으로 사서 비싼 가격에 팔 때 발생하는 수익을 말한다. 앞서 설명했듯이 채권 금리와 가격은 반대로 움직인다. 따라서 현재 높은 수준인 브라질 금리가 앞으로 낮아지면 반대로 채권 가격은 올라간다. 즉 금리가 높은 수준일 때 싼 가격으로 채권을 사둔 투자자의 경우 금리가 떨어지면 비싼 가격으로 채권을 되팔아 그만큼의 수익을 얻을 수 있다.

브라질은 꾸준히 금리를 인하하고 있는 상태다. 여기에 미국이 본격적으로 금리 인하에 나선다면 브라질 금리 인하 속도는 한층 더 빨라질 수 있다. 그럼에도 불구하고 브라질 채권이 한동안 시장의 외면을 받았던 이유는 브라질 헤알화 때문이다. 헤알화 가치가 떨어지는 등 환율이 크게 움직인다면 이것이 변수로 작용할 수 있다. 2012년 이후 헤알화 가치가 폭락하면서 브라질 국채 투자자들은 어마어마한 환차손을 입어야 했다. 헤알화 가치는 2011년만 해도 600원 후반이었지만, 2015년에는 300원대로 반 토막이 났고, 2021년에는 100원대로 떨어지면서 말 그대로 수직 하락했다.

최근 몇 년 사이에는 미국 채권에 대한 투자도 늘어났다. 미국

채권은 직접 투자도 가능하고 ETF를 통한 간접투자도 가능하다. 미국 국채는 미국의 높은 신용도만큼 안정성이 높은 채권이지만 환율이라는 변수를 고려한다면 생각만큼 안정적인 투자처라고 보기 어렵다. 해외 채권에 관심이 있다면 금리뿐만 아니라 환율까지도 꼼꼼히 따져보고 투자에 나서야 한다.

PART 2 배당투자, 누구나 손쉽게 할 수 있다

채권이라고
안전한 것은 아니다

채권은 상대적으로 안전한 투자처로 분류되지만 그렇다고 항상 안전한 것은 아니다. 회사채의 경우 신용평가사에서 신용등급을 부여하는데 이 등급에 따라서 위험도가 달라진다. 일반적으로 신용등급이 낮으면 부도 가능성이 높고 이자도 높아진다.

채권도 위험할 수 있다

'채권도 위험도가 높을 수 있다'는 것은 앞에서도 언급했다. 채권이 위험할 수 있는 가장 큰 이유는 부도 위험성 등 발행사에 문제가 발생할 수 있다는 점이다. 발행자가 채권의 원금을 돌려줄 수 없을 정도로 재무상태가 나빠진다면 이자는커녕 원금까지 고스란히 날릴 수 있다.

그나마 채권에 투자하기 전 위험도를 어느 정도 가늠해볼 수는 있다. 신용등급이 높은 채권은 상대적으로 위험도가 낮지만

회사채 신용등급 구분

신용등급	등급의 정의
AAA	최고 수준의 신용상태, 채무불이행 위험 거의 없음
AA	매우 우수한 신용상태, 채무불이행 위험 매우 낮음
A	우수한 신용상태, 채무불이행 위험 낮음
BBB	보통 수준의 신용상태, 채무불이행 위험 낮지만 변동성 내재
BB	투기적인 신용상태, 채무불이행 위험 증가 가능성 상존
B	매우 투기적인 신용상태, 채무불이행 위험 상존
CCC	불량한 신용상태, 채무불이행 위험 높음
CC	매우 불량한 신용상태, 채무불이행 위험 매우 높음
C	최악의 신용상태, 채무불이행 불가피
D	채무불이행 상태

주) 1. AA부터 B까지는 동일 등급 내에서 상대적인 우열을 나타내기 위하여 '+' 또는 '-'의 기호를 부가할 수 있다.

반대로 신용등급이 낮은 채권은 높은 금리만큼 투자에 주의가 필요하다는 의미라는 것만 기억하면 된다. 그렇다면 신용등급은 무엇이고 어디서 어떻게 확인하면 되는 걸까?

채권 신용등급이란 말 그대로 채권의 위험도를 등급으로 알기 쉽게 나타낸 것이다. 국내에서는 한국기업평가, 한국신용평가, NICE신용평가 등 3개 신용평가사가 채권 발행사에 대한 신용등급을 평가한다. 국공채 등의 신용등급은 최상위이기 때문에 특별히 신용등급을 부여할 필요가 없고, 신용등급은 주로 일반 기업이 발행하는 채권인 회사채에 부여한다.

채권투자의 기본, 신용등급

'BBB'급까지 투자등급으로 보고, 그 이하부터는 투기등급으로 구분한다. 투자등급 내에서도 AAA급은 최우량채, AA급은 우량채, A급은 비우량채로 나눈다. 투자 원금 상환이나 이자 지급이 어려울 수도 있는 투기등급에 대한 투자는 되도록이면 지양하는 것이 안전하다. 기업에 따라 다르지만 BBB급, 특히 곧 투기등급으로 떨어질 가능성이 높은 BBB- 등급 채권에 대한 투자는 진지하게 따져보고 결정해야 한다.

등급이 떨어질 수 있는 기업은 '등급 전망'을 보고 판단한다. 회사채는 신용등급과 함께 등급 전망을 보유하고 있는데, '긍정적, 안정적, 부정적' 세 단계로 나뉜다. 긍정적 전망 기업은 등급이 오를 가능성이 높고, 부정적 전망 기업은 등급이 떨어질 가능성이 높다. 또 '부정적 검토(와치 리스트)'라는 전망이 붙어 있는 기업의 경우에는 빠른 시일 내에 등급 강등 가능성이 높은 종목이니 투자에 주의가 필요하다.

만약 내가 투자하고 싶은 기업의 신용등급이 궁금하다면 한국기업평가, 한국신용평가, NICE신용평가 중 아무 곳의 홈페이지에 들어가서 검색창에 기업명을 입력해 검색하면 된다. 기업 신용등급은 물론이고 간단한 재무 현황과 해당 신용평가사에서 발행한 그 기업과 관련된 내용이 들어가 있는 보고서 등도 필요하

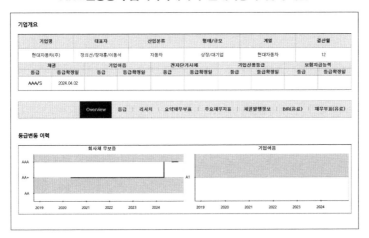

다면 함께 확인이 가능하다.

신용등급에 따른 투자 위험성도 고려해야 할 요인이지만 채권에 투자하다 보면 예상하지 못한 신용 이벤트가 발생하는 경우도 있기 때문에 이에 대한 주의도 필요하다. 지난 2022년 레고랜드 사태가 그랬고, 과거 리먼 브러더스 사태 등 전혀 예상하지 못한 이벤트가 발생하면 전체 금융시장이 흔들리면서 채권 시장도 함께 흔들릴 수밖에 없다. 물론 예상 불가능한 이유고, 대비할 수 없는 이벤트지만 어떤 경우라도 채권투자가 무조건적으로 안전할 수만은 없다는 사실을 어느 정도는 인지할 필요가 있다.

개인투자용 국채,
사야 하나 말아야 하나

채권에 대한 관심이 늘어나면서 오직 개인만이 투자 가능한 개인투자용 국채도 등장했다. 10년물과 20년물 두 가지인데 만기까지 보유하면 세제 혜택이 있다. 하지만 중도환매를 하면 혜택이 없으므로 신중하게 판단해야 한다.

개인투자용 국채의 등장

최근 채권시장에 대한 개인투자자들의 관심은 어마어마하다. 곧 금리를 인하할 것이라는 기대감과 시원찮은 국내 주식시장에 대한 실망감이 복합적으로 작용한 결과다. 금융투자협회에 따르면 국내 채권 시장에서 개인투자자 순매수 규모는 2024년 들어서 상반기에만 20조 원을 넘어서면서 사상 최대치를 기록하고 있다.

이렇게 채권에 대한 개인투자자들의 관심이 높아지자 정부에

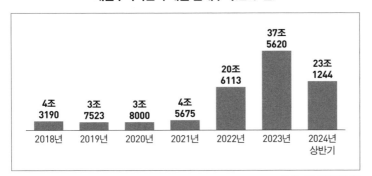

개인투자자들의 채권 순매수액(단위: 원)

출처: 금융투자협회

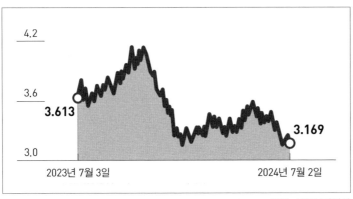

국고채 3년물 금리 동향(단위: %)

출처: 금융투자협회

서는 아예 '개인투자용 국채'라는 이름의 국채 투자상품을 내놓
았다. 개인투자용 국채는 이름처럼 매입 자격이 개인으로 한정된
다. 오로지 개인투자자만이 매수할 수 있는 국채인 셈이다. 만기

PART 2 배당투자, 누구나 손쉽게 할 수 있다

개인투자용 국채 만기수익률

만기	구분	적용 금리	세전		세후	
			만기수익률	연평균수익률	만기수익률	연평균수익률
10년물	표면금리	3.540%	42%	4.2%	35%	3.5%
	(가산금리 +0.15%)	3.690%	44%	4.4%	37%	3.7%
20년물	표면금리	3.425%	96%	4.8%	81%	4.1%
	(가산금리 +0.30%)	3.725%	108%	5.4%	91%	4.6%

※이자소득세율 14% 가정 시, 2024년 6월 발행 기준

는 10년과 20년 두 가지며 만기까지 보유하면 금리뿐 아니라 세
제 혜택을 준다.

　최소 구매 가능 금액은 10만 원이고, 청약 회차나 연물 종류에
구분 없이 1년에 1억 원 한도 내에서 매입할 수 있다. 개인투자
자들이 만기까지 들고 있을 수 있도록 만기를 채우면 가산 금리
를 더한 복리를 적용했다. 따라서 장기투자에 유리하다. 2024년
6월에 첫 발행한 국채의 '표면 금리+가산 금리'는 10년물 3.69%,
20년물 3.725%다. 연 3.5% 표면금리(세전)를 가정할 때 20년 만
기를 채운다면 원금의 두 배를 돌려받을 수 있다.

　예를 들어 40세 A씨가 59세까지 20년물 국채를 매달 50만 원
씩 매입할 경우 60세부터 79세까지 20년 동안 매달 약 100만 원
을 받을 수 있다. 만약 20년물에 5000만 원을 일시 매입하면 20

년 뒤에는 두 배인 1억 원을 받게 된다.

무엇보다 절세 혜택이 상당하다. 현행법상 이자, 배당 등 금융소득이 2000만 원을 넘으면 종합과세 대상자가 되지만 개인투자용 국채는 매입액 기준 2억 원까지 분리과세(15.4%)를 허용했다. 다만 이 같은 혜택은 모두 만기까지 보유하고 있어야 받을 수 있다. 만기 전에 중도환매하면 이런 혜택을 모두 받을 수 없다. 매입 1년 후부터 중도환매는 가능하다. 만약 중도환매를 한다면 원금에 표면금리만 단리로 적용된 이자를 받는다. 중도환매는 신청을 해야 하지만 선착순, 정부 결정에 따라 환매가 불가능할 수도 있다.

상속이 가능하다는 점도 자산가들에게는 혹하는 부분이다. 만기까지 보유한 상속분은 자녀의 매입 한도와 별도로 구분되어 가산금리와 분리과세 혜택을 모두 받는 것이 가능하다.

개인투자용 국채를 사고 싶다면

개인투자용 국채는 미래에셋증권에서만 매입할 수 있다. 2024년 6월에 처음으로 청약을 받았는데 청약 첫날에만 1030억 원의 자금이 몰렸다. 특히 1000억 원 한도로 발행되는 10년물은 청약 첫날 한도를 넘어서는 흥행을 기록했다. 10년물의 경우 5일의 청약 기간 동안 총 3493억 원의 주문이 몰렸다. 반면 만기가 다소 긴 20년물은 768억 원의 청약을 받는 데 그치면서 목표 물량인 1000억 원에 미달되었다.

개인투자용 국채는 매달 주어진 청약 기간에 구입이 가능하다. 2024년 10월에 발행한 개인투자용 국채는 10년물 3.2%, 20년물 3.42%의 금리가 적용되었다. 이 경우 만기까지 보유 수익률은 10년물 37%, 20년물 96%다. 금리가 본격적으로 하락하고 있고 이에 따른 시중은행 예금금리도 낮아지고 있기 때문에, 원금은 보장되면서 예금금리보다는 조금이나마 높은 금리 수준인 투자처를 찾을 경우 고려할 만하다.

개인투자용 국채는 연금처럼 생각하면 나쁘지 않은 투자처임이 확실하지만 10년이나 20년이라는 긴 기간 동안 자금을 묶어둬야 한다는 점을 유의해서 투자를 결정해야 한다. 중도환매 제약이 상당한 데다 중도환매 가능 시점도 매입 1년 뒤다. 예를 들어 10년물에 1억 원을 투자했다면 만기를 채웠을 경우 세후 3100만 원이 이익으로 들어오지만, 이를 5년 만에 해지한다면 수익은 1200만 원으로 떨어진다. 따라서 급하게 자금이 필요할 상황이 생길 수 있다는 점을 충분히 고려한 뒤 여윳돈이 있다면 투자처로 고려해볼 만하다.

PART 3

배당투자,
더 똑똑하게
하는 법

대표적인 배당주 종목과 ETF를 알아봤다. 이제 실전에서 배당투자를 하는 방법을 알아보자. 어떻게 하면 현명한 배당투자를 할 수 있을까? 조금이라도 싼 가격에 주식을 매입하려는 것보다는 '무지'에 가깝게 투자를 하되 좋은 종목을 사는 것이 평범한 투자자들에게는 가장 큰 수익을 얻는 방법이다. 또한 어떤 주식을 투자할 때든 알아야 할 '세금'도 빠뜨릴 수 없다. 나가는 돈을 줄이고 들어오는 돈을 늘리기 위해서는 세금을 줄이는 방법도 반드시 고려해야 한다. 세금이 크지 않다고 무시하다가는 연말에 큰코다칠 수 있다.

누구나 투자를 하면 위험을 마주하게 된다.
그렇다면 위험을 조금이라도 줄이는 방법은?
적립식 투자는 성공한다. 단, 굴곡 없는 우상향은 없다는 것뿐!
투자 왕초보, 즉 주린이라면 절대 해서는 안 되는 것은 무엇일까?

CHAPTER 1

배당투자,
전략이
반이다

배당투자에 대한 감이 잡혔다면 이제 본격적인 매매에 나설 때다. 그런데 명심해야 할 것이 있다. 배당투자는 성장주에 투자하며 '한 방'을 노리는 것이 아니라 안전하면서도 예금이자보다 더 높은 이익을 추구하는 것이다. 어느 정도 위험을 통제해야만 배당투자에 성공할 수 있다. 가장 중요한 것은 분산 그리고 적립이다. 지금도 투자 한 방을 원한다면 배당 대신 코인이나 3배 레버리지 ETF를 추천한다. 우리는 잃지 않으면서도 조금씩 부자가 되는 투자를 위해 배당에 나서고 있다는 것을 잊으면 안 된다. '분산 그리고 적립'

내가 원하는
배당투자

◇◇◇

모든 투자에는 목표와 방향성이 있어야 한다. 배당투자를 왜 하는지, 수익과 안정성을 어
느 정도로 가지고 가고 싶은지를 정비하고 투자에 나서야 한다. 수익률을 추구할 것인지
안정성을 함께 추구할 것인지 판단해야 내 투자의 청사진을 그릴 수 있기 때문이다.

◇◇◇

내가 원하는 배당투자는 무엇일까?

배당투자는 현금흐름과 장기적인 미래를 생각하는 투자다. 다
만 어떤 투자든 자신의 상황에 맞는 투자에 나서야 한다.

배당주는 배당수익률이 1% 이하인 종목부터 주가는 지지부
진해도 배당수익률은 20~30%에 달하는 종목까지 다양하다. 무
조건 배당을 많이 주는 종목만 담는 것이 아니라 그중 어떤 종목
을 선택해서 담을지 스스로 파악하는 것이 중요하다. 당장의 현
금흐름이 중요한지 아니면 10~20년 미래를 생각하고 향후 경제

적 자유를 마련할 것인지, 배당금을 많이 받기를 원하는지 아니면 배당금을 조금 적게 받더라도 오르는 종목을 통해 시세차익을 추구하는 것이 좋을지는 스스로 명확하게 파악을 한 후 투자에 나서야 한다.

당장 배당수익이 필요하다면, 예를 들어 은퇴를 해서 소득은 끊겼지만 목돈은 넉넉한 상황이라면 배당금이 많이 나오는 고배당주에 투자하는 것이 좋다. 반면 현재는 월급을 받고 있지만 10~20년 후에는 회사를 그만두고 경제적 자유를 실천하고 싶다면 배당금을 많이 주는 종목보다는 시세차익이 기대되는 배당성장주를 담는 것이 좋다.

당장 현금이 필요한 은퇴족이라면

은퇴를 앞두고 있거나 이미 은퇴해서 목돈은 있지만 한 달 또는 1년에 2~4회 꼬박꼬박 나오는 돈이 필요하다면 배당금을 많이 받을 수 있는 고배당주에 투자하는 것이 좋다. 월급 수준의 현금흐름이 필요한 경우에는 배당금을 많이 주는 고배당주 위주로 포트폴리오를 구성하는 것이 현명하다.

만일 안정적인 배당금을 추구한다면 미국의 배당킹이나 배당귀족 종목처럼 장기간 배당금을 계속 늘려온 종목을 고르는 것이 좋다. 이 종목들은 회사의 명예를 위해서라도 배당 삭감을 하지 않는 경우가 대다수기 때문이다.

국내 종목으로 투자한다면 정부의 규제 탓에 주가가 큰 폭으로 상승하는 것은 기대하기 힘들지만 배당금을 많이 주는 은행주 위주로 포트폴리오를 짜는 것이 좋다. 매달 배당금을 주는 월배당 ETF도 하나의 대안이 된다.

고배당주 비중을 높게 구성하더라도 일부 배당성장주를 포함하는 것이 좋다. 고배당주의 특성상 시세차익이 거의 없거나 주가가 떨어질 수 있는 만큼 일부라도 배당성장주를 넣어야 리스크를 줄일 수 있다. 주가가 떨어지더라도 배당금은 문제없이 나오겠지만 목돈이 필요해서 주식을 팔아야 할 때 자칫 손해를 볼 수 있기 때문이다. 게다가 대세 상승장이 되어 모두 돈을 벌 때 고배당주 위주로 포트폴리오를 꾸리면 소외될 수도 있다. 소위 '벼락거지'의 기분을 느낄 수 있다는 것이다. 현금흐름이 중요하더라도 배당투자를 할 때 70%는 고배당주에, 30%는 시세차익을 기대할 수 있는 배당성장주에 투자하는 것이 좋다.

20년 후 은퇴를 계획하는 직장인이라면

이제 막 3040시절을 보내며 노후를 준비하는 직장인이라면 배당성장주의 비중을 높게 구성하고 당장 배당금이 나오는 고배당주의 비중은 낮게 가져가야 한다. 배당성장주의 시세차익은

10~20년의 세월을 두고 보면 고배당주의 배당금과 비교할 수 없을 정도로 크다. 게다가 배당성장주는 배당수익률은 낮아도 앞으로 우상향할 수 있기 때문에 재투자만 잘 한다면 복리효과도 누릴 수 있다. 현금흐름이 중요한 상황이 아니고 장기적으로 투자를 할 것이라면 고배당주보다는 배당성장주를 통해 '성장'에 초점을 둬야 한다.

자녀에게 주식을 사준다 해도 배당성장주다. 요즘은 경제교육을 겸해 주식을 선물하는 경우도 종종 있다. 아직 어린 자녀에게 주식을 사준다면 10년 후 어른이 되었을 때 수익률을 얻을 수 있는 종목이 좋다. 그것이 고배당주보다 배당성장주를 추천하는 이유다.

부자로 만드는
꾸준한 분산투자

배당투자에서 가장 중요한 것은 위험성을 줄이는 것이다. 그러다 보니 분산이 중요하다. 다양한 종목을 담아야 한 종목이 예상 밖의 위험을 겪는다 해도 계좌가 '박살'나는 일을 예방할 수 있다.

하락장에서 울지 않는 비법은 '분산'

"계란을 한 바구니에 담지 말라." 주식을 하지 않는 사람도 알법한 이 격언은 투자의 기본이자 가장 유념해야 할 전략이다. 분산투자가 중요한 이유는 주식이든 무엇이든 하나에만 투자할 경우 그 자산에 따라 부의 크기가 변할 수 있기 때문이다.

분산투자는 우선 주식과 채권, 부동산 등으로 나눌 수 있다. 사실 대다수의 직장인이라면 대출금을 갚기 위해 월급을 받는 순간 은행이 일정 부분을 떼고 나면 쥐꼬리만한 돈으로 투자를 하게 된다. 그중 생활비나 세금 등 매달 나가는 고정지출을 빼고 나면 투자의 여력은 크지 않다. 그럼에도 불구하고 남은 돈 100%를 배당주에 투자하는 것은 위험하다. 주변에 언제 경조사가 생길지 모르고, 목돈이 나갈 일이 나올지 모르기 때문이다.

현금이 전혀 없는데 차량 사고로 수리비를 내야 하는 일이 생겼다고 하자. 주식에만 투자했다면 당장 일이 터진 후 매도를 한다고 해도 현금으로 들어올 때까지 3일을 기다려야 한다. 그것도 바로 팔 수 있다면 다행이다. 현재가가 매매가보다 낮으면 현금 유동성을 확보하기 위해 손해를 보고 팔아야 한다. 그래서 투자를 할 때 일정 현금을 보유한 후 투자에 나서야 한다.

저가매수의 기회가 온다고 해도 돈이 있어야 살 수 있다. 많은 투자자들이 주가 하락을 매수 기회로 삼고 싶지만 구매를 하지 못하는 이유가 현금이 부족한 탓이다.

분산투자는 종목을 다양하게 담는 것에서 출발하는 것이 아니라 투자 자산을 다양하게 하는 것부터 출발한다. 적당한 현금! 다양한 투자처! 투자의 시작이다.

리스크 관리가 수익률을 가른다

주식투자를 한다고 해도 한 종목만 담아서는 안 된다. 만일 배당을 노리고 지주사를 샀다고 하자. 그런데 자회사의 실적 악화

탓에 배당금이 줄어들 수도 있다. 게다가 그 순간 매수를 고민했던 은행주가 고배당을 하면 얼마나 속이 뒤집어지는 일인가.

종목이 상장폐지를 하거나 예상하지도 않았던 경영자의 구속, 말도 안 되는 기업과의 인수합병을 하는 경우도 있다. 물론 우리는 이런 일이 벌어지지 않을 우량주에 투자하는 것을 목표로 한다. 하지만 몇 년 전만 해도 개인투자자들에게 인기가 많아 '국민주'라 불리던 상장사의 대표도 법적으로 구속되는 것이 국내 증시다. 그러다 보니 종목을 분산해 담아야 리스크를 줄일 수 있다.

종목투자가 망설여진다면 ETF 투자도 좋다. 다만 ETF 역시 국내 배당주에 투자하는 ETF와 해외 배당주에 투자하는 ETF를 함께 들고 가면서 정부정책에 대한 리스크를 줄이고 수익을 추구하는 것이 좋다.

물론 투자금이 크지 않을수록 분산투자보다는 몰빵 투자가 수익률이 좋을 수 있다. 하지만 잃어도 되는 돈은 없다. 투자의 출발은 '수익률의 추구'가 아닌 '리스크의 관리'라는 것을 잊으면 안 된다.

타이밍은 중요하지 않다. 꾸준히 돈을 넣는다면!

매수를 할 때는 100원, 200원이 큰 차이가 날 수 있다. 하지만 가장 중요한 것은 '꾸준히' 투자를 하는 것이다. 증권사를 통해 MTS에서 자동투자를 할 수 있다면 자동투자를 하는 것도 추천한다.

─ 조금 더 떨어지면 사야지 하다가 평생 못 산다

매일 스마트폰의 증권사 어플을 쳐다본다고 해서 수익률이 나오지 않는다. 투자에서 가장 중요한 것은 꾸준함이다. ETF로 투자해 이른바 '한강뷰 아파트'를 얻은 한 여의도 증권맨은 "자신의 투자 성공비결은 일관성 있는 투자다"라고 말했다. 명확한 투자 규칙을 정하고 무슨 일이 있어도 그것을 지키는 것이다.

그는 월급을 받으면 바로 다음 날 월급의 40%를 증권사로 이체해 나스닥을 추종하는 ETF를 샀다. 물론 어떤 날은 월급날이

우리가 생각하는 장투 vs 실제 장투

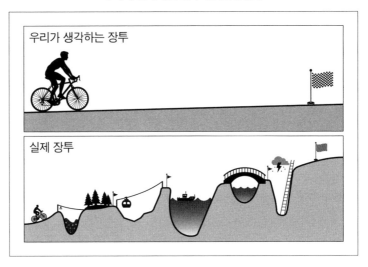

미국의 연방공개시장위원회(FOMC)라 지수가 급락한 날도 있었고, "이제는 주식의 시대가 끝났다"라고 말할 때도 있었다. 하지만 그는 그냥 계속 샀다. 그렇게 투자해 12년이 지난 지금, 그의 수익률은 무려 세 자릿수에 이른다.

투자의 세계에서 장기적으로 보면 투자 타이밍이 수익률에 미치는 영향은 거의 없다. 언제 투자를 하느냐는 그다지 중요하지 않다. 매일 스마트폰을 보고 HTS를 보면서 '조금만 떨어진 다음에 사자'라며 바닥을 기다리거나 적당한 매수 타이밍을 찾으려다 오히려 사지 못하는 경우가 많다. 시장 과열 신호가 나도 기계적으로 추가 매수를 하는 것이 장기적으로 나쁘지 않은 이유다.

무지성 적립식 투자의 중요성

종목을 고르는 것이 애매할 때가 있다. 똑같은 종목에만 같은 금액을 넣으면 아무리 장기투자라도 리스크가 클 수밖에 없다. 만일 기업 내 엄청난 횡령이나 배임 등이 발생한다면 장기투자일지라도 헤쳐 나오지 못하는 상황이 될 수 있기 때문이다. 여기서 나오는 것이 바로 '분산투자'다.

일본에서 배당투자로 인기몰이를 한 '버피타로'는 매달 마지막 금요일에 포트폴리오에서 가장 비율이 낮은 종목을 5000달러 사들이는 것을 하나의 규칙으로 정했다고 한다. 장기투자를 하되, 저평가된 비인기 종목을 추가 매수하겠다는 아이디어였다. 그 결과 그는 현재 운용하는 자산이 7000만 엔이 넘고 배당으로 매달 200만~300만 엔을 버는 사람이 되었다. 물론 시작하는 종잣돈(시드)에 따라 수익률은 바뀔 수밖에 없다. 하지만 중요한 것은 순간의 부침에 흔들리지 않고 끊임없이 투자를 해야 한다는 것이다.

우리는 1만 원으로 주식을 사도 해당 종목이 10원이라도 쌀 때 사려고 한다. 하지만 그렇게 상황을 보다 보면 오히려 매매가 힘들 때가 많다. 무지성으로, 규칙적으로 '좋은 종목'을 담다 보면 오히려 시간을 아끼면서 높은 수익률을 얻을 수 있다. 10원, 1틱에 목숨을 걸지 말고 꾸준히 사들이는 태도가 중요하다.

초반에는 절약으로
시드머니를 마련하자

◇◇

투자 초반에는 시드머니를 만드는 데 주력해야 한다. 배당금을 받는다 해도 재투자를 해 눈덩이를 조금이라도 크게 만드는 것이 중요하다. 10만 원으로 5% 수익률을 얻으면 5천 원이지만 100만 원이면 5만 원이다. 배당투자로 얻은 돈은 반드시 재투자로 종잣돈을 불려야 한다.

◇◇

시드머니가 있어야 투자를 한다

"주식투자할 여력도 없다"라는 말을 하는 사람들도 있다. 안타까운 말이지만 대다수의 3040의 삶이 그럴 것이다. 기혼이라면 대출금을 갚고 아이 교육비, 생활비, 가끔 있는 경조사비까지 내면 여력이 없다. 미혼도 마찬가지다. 하지만 투자금을 마련하지 못한다면 영원히 대출금에 메여 살아갈 수밖에 없다. 결국 초반에는 종잣돈을 마련하기 위해 허리띠를 졸라매야 한다는 것이다.

투자금을 마련하기 위해서는 절약이 필수다. 커피를 조금 덜

마시거나 가까운 거리를 걸어가는 식이다. 어떻게 보면 궁상맞을 수 있지만 조금이라도 넉넉한 미래를 위해서는 순간의 고통을 참을 수밖에 없다. 그러다 적은 돈을 마련해 투자를 하고, 그 투자금이 두 배, 세 배로 돌아오면 그때부터는 절약을 오히려 즐기게 되는 단계에 이른다.

초반 배당금은 재투자 비용으로 활용하자

배당투자를 시작하면 초반 배당금은 재투자 비용으로 활용하기를 권유하고 싶다. 배당금이 5만 원, 10만 원이 들어와도 택시를 타지 말고 맛있는 것을 사먹지 말고, 가능하면 다시 주식을 사자. 미국 주식이라면 배당금도 달러로 받기 때문에 환전 수수료도 낼 필요가 없다.

배당금을 재투자비용으로 쓰면 그만큼 빠르게 투자금이 늘어나고, 조금 더 많은 수익을 얻을 수 있다. 막연한 이야기일 수 있지만, 시드가 커져야 조금이라도 더 달달한 수익을 얻을 수 있기 때문이다.

직장인이라면 매달 모으는 돈 중 저축의 비중을 줄이고 배당주의 비중을 높이는 것도 방법이다. 2024년 미국이 빅컷(기준금리 인하)에 나서며 채권 수익률은 떨어지고 있다. 반면 위험자산인 증시, 특히 배당의 가치는 점점 높아지고 있는 상황이다.

초보 투자자인 주린이가
절대 해서는 안 되는 것들

주식투자자 중 성공하는 사람보다 실패하는 사람들이 더 많다. 그 이유는 무엇일까? 초보 투자자들이 하지 말아야 할 실수들을 정리해봤다. 평단 욕심, 투자금 몰빵, 다른 투자자들과의 비교. 이 세 가지는 성공적인 투자에 가장 큰 암초가 되는 것이다.

초보들이 저지르는 잘못

투자도 결국 사람이 하는 일이다. 처음부터 워런 버핏이나 짐 로저스처럼 투자를 하면 좋겠지만 그러긴 쉽지 않다. 게다가 월급으로 생활하는 사람일수록 조금이라도 높은 수익률이 간절하기 때문에 실수를 할 수밖에 없다.

주변 투자자들 중에 경험이 적은 초보들이 자주 저지르는 잘못들을 정리했다. 소중한 자산을 지키기 위해 이것만이라도 하지 않길 바란다.

‘더 떨어지면 살래’, 평단 욕심

싸게 사서 비싸게 파는 것이 주식투자의 원칙이다. 그러나 바닥이라고 냉큼 사버리면 꼭 그 다음 날 떨어지는 경험을 해봤을 것이다. 그런데 문제는 조금 더 떨어질 것 같아서 예약 매수를 걸어놓으면 그 가격까지 오지 않는다는 것이다.

투자를 할 때 바닥에서 사겠다는 욕심은 버리는 것이 좋다. 폭락하는 종목이 가장 낮은 가격에서 움직일 때를 노리기보다 실적 개선이나 향후 주주가치 제고노력 등을 확인한 후에 사는 것이 낫다. 물론 바닥보다는 비싼 가격이겠지만, 그래도 바닥에서 올라오는 모습이 확인된 다음에 사는 것이 리스크를 줄일 수 있는 지름길이다. "무릎에서 사서 어깨에 팔라"는 이야기가 괜히 있는 것이 아니다. 발목에서 사는 것은 상투에서 파는 것보다 어려운 일이다.

한 번에 다 사는 ‘투자금 몰빵’

"이제 적금만 하지 않을래. 주식을 좀 해야겠어." 초보자일수록, 주식을 처음 시작하는 투자자일수록 가장 많이 저지르는 실수가 적금을 타서 한 번에 주식을 사는 것이다. 실제로 삼성전자 주식 5000만 원을 한 번에 사는 사람을 본 적도 있다.

그런데 그를 기다린 것은 2개월 후 코로나19였다. 첫 투자에서 가진 자금을 전부 쓰면 주가가 폭락했을 때 추가 매수를 할 여력이 없어진다. 자산 전체의 변동률도 커지기 때문에 조금만 주식이 하락해도 패닉에 빠지기 쉽다.

투자금 전체를 한 번에 쓰는 것은 강세장에서 수익을 최대화할 수 있다. 하지만 주가가 빠질 경우에는 돌이킬 수 없는 비극으로 치닫는다.

┌ 다른 사람의 투자수익률을 믿지 말자

많은 사람들이 투자를 하면서 확신을 하지 못한다. 당연한 일이다. 내일 당장 일어날 일도 모르는데 어떻게 투자를 확신한단 말인가. 그래서 많은 사람들이 자신의 투자방식에 대한 불안을 느낀다. 이럴 때 가장 견제해야 하는 것이 타인의 수익률이다.

비트코인 열풍이 불며 주변에 '경제적 자유'를 얻어 퇴사를 하는 직장인들을 봤을 것이다. 4년 전 우연히 비트코인을 200만 원어치 샀다는 지인은 이제 수십 억의 자산가가 되었다. 부러운 일이다. 그러나 그 사람의 투자성적에 초조함과 질투심을 느끼고 지금 비트코인을 사면 100% 실패한다. 수십 억의 자산가가 된 것은 그 사람의 운일 뿐이다. 타인의 수익률을 부러워하면 무리한 투자를 하게 된다.

비트코인에 200만 원을 투자한다고 가정해보자. 100% 상승을 해도 400만 원을 번다. 물론 엄청난 수익률이지만 주위의 수익률을 보면 성에 차지 않는다. 이때 우리는 극위험자산에 '전 재산을 몰빵'하는 실수를 범하게 된다. 비트코인이 100% 상승할 수도 있지만 10%로 쪼그라들 수 있는 자산이라는 것을 우리는 돈을 잃고 나서야 깨닫는다.

다른 사람에 대한 질투심과 초조함 때문에 자신의 투자 스타일을 잊어서는 안 된다. 그럴 때마다 타인의 수익률을 믿지 않고 한 귀로 흘리는 태도가 필요하다. 다른 사람이 거짓말을 한다는 것이 아니다. 다른 사람의 수익률을 믿고 평정심을 잃을 바에는 '저 포도는 신 포도'라고 하는 여우처럼 '저 수익률은 거짓'이라 생각하는 것이 내 투자를 다지는 데 좋다는 이야기다.

얇은 귀를 가진
투자자들에게

투자를 할 때 반드시 피해야 할 것이 또 하나 있다. 커뮤니티를 멀리하라는 것이다. 좋은 정보를 얻을 수도 있지만 가짜 정보도 판을 친다. 주위의 의견에 귀를 기울이기보다 자신이 정한 원칙을 가지고 투자에 나서야 한다.

정보의 홍수, 투자만 혼란하다

2023년 10월 5일, 오전 내내 상승하던 코스피가 오후부터 갑자기 고꾸라지기 시작했다. 지수 방향이 바뀌면 보통 외국인이 던지는데, 그날은 갑자기 개인이 던지기 시작했다. 이유는 '외환보유고 발표 연기설'이었다. 요즘 시장에서 가장 영향력이 크다는 텔레그램 채널에서 '예정대로라면 5일 새벽 6시에 발표해야 하는 외환보유고가 8시로 밀리더니, 오후 2시로 밀렸고 결국 6일 새벽으로 바뀌었다'라는 내용이 떠돌았기 때문이다. 정부에서 외환보유고 발표를 망설일 정도로 현재 달러 보유 상황이 좋지 않고, 시장에 충격을 주지 않기 위한 '마사지'가 이뤄지고 있다는 구체적인 이야기까지 나왔다.

출입기자 입장에서는 웃기는 일이었다. 애초에 보도 계획에는 6일 새벽 6시로 잡혀 있었기 때문이다. 한국은행은 매달 세 번째 영업일에 외환보유고를 발표하고 있으며, 2023년 10월의 세 번째 거래일은 6일이었다.

개인투자자들이 많아지면서 국내에도 다양한 주식정보 사이트나 텔레그램, 종목토론방이 인기를 끌고 있다. 물론 여기에 좋은 정보도 많다. 다양한 기사를 서로 링크해주거나 해외 지표들을 분석한 사이트도 공유한다. 하지만 쓸데없는 거짓이나 공포를 조장하는 글도 많고 가끔은 내부자에게 들었다는 썰을 푸는 사람들도 있다. 그런데 사이트에서 '관계자만 알 수 있는 고급 정보'를 푸는 사람은 단언하건데 '없다'. 돈을 벌 수 있는 기회를 자신과 가족, 하다못해 지인들끼리 나누면 될 일이지 얼굴도 모르는 커뮤니티 사람들에게 이야기할 이유가 무엇이 있겠는가.

⌐ 커뮤니티 뻥쟁이를 믿지 마라

커뮤니티에서 '네임드'라 불리는 사람들의 정보를 얻는 것도 좋지만 모두 믿어서는 안 된다. 커뮤니티 자체가 운 좋게 살아남은 투자자들만 의견을 올리는 곳이기 때문이다.

2023년을 떠올려보자. 2차전지 열풍이 불며 2차전지를 추천하고 투자한 사람들은 우상이 되었다. 반면 다른 종목에 투자한 사람들은 '시장을 읽지 못하고' '친환경 트렌드를 이해하지 못한' 사람이 되었다. 2023년 3분기만 해도 2차전지 시장은 계속 커질 수밖에 없는 시장이었고, 이를 믿는 사람들만 목소리를 높였다.

2024년에 시장의 분위기는 바뀌었다. 전기차 시장은 성장 속도 둔화와 함께 각국의 내연차 진흥 정책에 맞물려 위축되기 시작했다. 전기차 배터리 덕분에 성장한 2차전지는 6개월 만에 반토막이 났다. 이른바 '2차전지 전도사'들은 자취를 감췄다. 물론 그 자리를 AI반도체 전도사와 엔비디아 신도들이 메꾸고 있다.

익명 게시판에 우량 정보가 모여 있는 것처럼 보이는 이유는 당시 수익률이 좋았던 투자자들의 의견이 모여 있고, 수익률이 나쁜 투자자들은 아예 외면하고 입을 다물고 있기 때문이다.

투자자가 비관적으로 생각하는 종목은 기회일 수도 있다. 2차전지가 뜨거울 때는 은행주나 자동차주에 아무도 투자하지 않았다. 하지만 밸류업 정책이 시작되자 이들 종목은 상승했다. 시장의 유행은 언젠가 돌아오게 되어 있다.

주위의 의견에 귀를 기울이기보다 자신이 정한 원칙을 가지고 투자에 나서야 긴 호흡에서 경제적 자유를 얻을 수 있다.

배당으로 얻은 소득에 또 세금이 붙는다고?
절세 필수 아이템 ISA와 IRP는 뭐가 다르지?
수많은 ETF 중 세금 부담이 가장 적은 ETF는?

CHAPTER 2

결국 수익률을 가르는 것은 절세

배당투자든 어떤 투자든 수익을 낸다고 해도 손에 쥔 돈은 수익만큼이 아닐 수 있다. 바로 세금 탓이다. 소득이 있는 곳에 조세가 있는 것은 당연하지만 일확천금을 번 것도 아니고, 열심히 공부하고 투자해서 벌어들인 돈인 만큼 세금을 떼면 속상한 것이 인지상정이다. 그렇다면 조금이라도 세금을 줄이는 방법을 고민해야 한다.

주식, 그냥 사고
그냥 파는 것이 아니다

주식을 사고팔 때는 양도소득세와 증권거래세가 있다. 투자액이 커질수록 세금도 커지는 만큼 어떤 세금이 있는지는 알아야 한다. 보통 투자에 나설 땐 세금보다는 수익률만 생각하는데, 세금을 내야 하는 때가 되면 세금의 무서움을 알게 된다.

주식을 사고팔 때 세금을 내야 한다

부동산 매매를 하면 거래세와 취득세 등이 붙기 마련이다. 주식에도 세금이 있다. 다만 이익을 본 사람보다 잃은 사람이 더 많은 데다가 세금 자체가 너무 적어 그 존재를 간과하기 쉽다. 하지만 세금의 존재를 알고 대비해야 조금이라도 새는 돈을 방지할 수 있기 때문에 잠시 짚고 넘어가자.

주식 세금의 종류에는 두 가지가 있다. 바로 '양도소득세'와 '증권거래세'다. 양도소득세는 '주식을 매매해서 이익을 본 금액에 대한 세금'이고, 증권거래세는 '주식을 팔 때 실제로 거래한 가격에 대한 세금'이라고 생각하면 된다.

─ 해외투자를 한다면 양도소득세가 중요하다

양도소득세는 주식 매매로 이익을 본 사람이 내는 것이고, 증권거래세는 주식 매매를 한 모든 사람에게 부과되는 세금이다. 원래 양도소득세는 대주주에게만 해당되는 세금이었다. 대주주는 △코스피 기준 상장주식의 1% 이상의 지분을 가지면서 △(친족 포함) 보유금액이 10억 원 이상인 경우를 말한다. 대주주의 순금융투자소득(주식으로 잃은 돈+얻은 돈)이 2000만 원을 넘으면 20%, 3억 원을 넘으면 25%의 세금을 부과했다.

하지만 2023년부터 양도소득세 세제가 대폭 개편되었다. 우선 대주주 기준이 바뀌었는데, 지분율 기준은 사라졌고 판정 기준 또한 '본인만', 보유금액은 100억 원으로 10배가 늘어났다. 정리하면 2024년부터 적용될 세법 기준으로 양도소득세를 내야 하는 사람은(본인 한정) 보유금액 100억 원 이상을 금융에 투자하고 있는 사람뿐이다.

증권거래세 또한 소폭 인하했다. 현행 0.08%에서 내년 0.05%로 인하하고, 2025년부터 0%가 될 예정이다. 대주주 기준 완화, 소액주주에 대한 양도소득세 부과 폐지, 증권거래세 인하 등으로 금융시장의 활성화를 기대할 수 있다는 이유다.

　미국 주식의 경우 보유금액과 상관없이 양도소득세는 22%로 세율이 꽤 높기 때문에 해외투자를 한다면 양도소득세는 기억해야 한다. 단, 우리나라에서는 한 사람당 1년에 250만 원까지 양도소득세를 면제해준다. 1년에 주식을 사고팔아 얻은 양도소득에서 250만 원을 빼고 22%를 곱한 금액이 그해의 양도소득세다. 다만 매도하지 않는다면 양도소득세를 내지 않아도 된다.

배당투자, 세금 무시하면 큰코다친다

배당에도 세금이 붙는다. 배당소득세율의 경우 15.4%를 과세한다. 서학개미들은 미국의 배당소득세율이 15%라는 것을 기억을 해둬야 한다. 다만 증권사가 원천징수를 한 후 통장에 입금해주는 만큼 따로 낼 필요는 없다.

배당에도 세금이 붙는다

지금까지 설명한 것은 '주식 매매'에 대한 세금이다. 배당은 또다른 세금이 붙는다는 것이 문제다. 신나게 투자를 하고 배당금을 노렸는데 연말이 되면 투자자들은 머리가 아파진다. 이익의 일부를 돌려받는 주주의 권리지만, 금융투자업계는 "배당금이 모두 내 주머니에 들어오는 것은 아니라는 점을 주의해야 한다"라고 조언한다. 배당금도 당연히 세금을 내야 하는데, 일반적인 주식 매매차익에 부과하는 세금과는 방식이 다소 다르기 때문이다.

세법에 따르면 국내 주식투자를 기준으로 배당투자자들이 배당금을 받으면 15.4%의 세금을 낸다. 국내 주식에서 매매차익은 비과세지만 배당소득세율의 경우에는 14%의 배당소득세와 지방소득세 1.4%를 더해 15.4%를 과세한다. 만약 10만 원을 배당금으로 받으면 8만4600원이 통장에 들어오는 셈이다. 증권사는 배당금에서 15.4%에 해당하는 세금을 원천징수하고 나머지를 입금해준다.

배당소득이 연 2000만 원을 넘으면 금융소득종합과세자로 구별되어 과세 방법이 달라진다. 연 2000만 원 이상을 넘지 않으면 15.4%를 내고 끝나지만, 이자·배당소득세가 2000만 원을 넘는다면 초과분에 대해 종합과세를 한다. 이 경우에는 금융소득과 더불어 근로·사업소득을 합산해 구간별 누진세율(6.6~49.5%, 지방세 포함)을 적용한다.

소액 투자자를 위한 세금 절세 방법은 있다. 배당주를 한 번에 매입하는 것이 아니라 1~5주씩 골고루 사들여서 소액부징수제도를 활용하는 것이다. 소액부징수제도는 1000원 이하의 세금을 내지 않는 제도다. 다양한 배당주를 1~5주씩 골고루 매수하고, 배당금을 1000원 이하로 조정하면 배당소득세를 내지 않을 수 있다. 그런데 우리가 이런 돈을 벌자고 배당투자를 하는 것은 아니지 않겠는가.

해외투자 배당소득세는 국가별로 다르다

국내 투자자가 해외기업으로부터 배당을 받을 경우 그 나라의 배당소득세율이 우리나라(14%)보다 높으면 세금을 추가로 내지 않아도 되지만 낮으면 그 차이만큼 배당소득세를 내야 한다. 미국의 배당소득세율은 15%로, 우리나라보다 높기 때문에 추가로 납부할 필요 없이 증권사가 원천징수를 한 후 통장에 입금해준다.

하지만 미국 외에 다른 나라들은 주의가 필요하다. 배당소득세가 0%인 베트남과 홍콩, 영국 등에 투자하는 경우에는 나중에 배당소득세 15.4%를 추가로 납부해야 하고, 중국에 투자하는 경우에는 4.4%를 추가 납부해야 한다.

유럽 기업에 투자할 경우는 좀 더 복잡해진다. 배당소득세율이 25% 이상인 국가들도 있기 때문이다. 이런 곳에 투자를 하면 배당소득세가 많이 나가지만 그렇다고 국내에서 차액을 환급해주지는 않는다. 프랑스의 경우에는 배당소득세가 25%에 달해 피하는 것이 좋다.

종목에 따라서도 배당소득세가 달라질 수 있다. 예를 들어 합자회사(limited partnership)나 LP라고 되어 있는 경우다. 합자회사란 경영은 무한책임사원이, 자본은 유한책임사원이 하는 복합적인 구조인데 국가에 따라 배당소득세가 37%에 달하는 곳도 있다.

절세의 마법,
ISA와 IRP

◇◇

현재 주식투자에서 세금을 줄이는 필수 아이템은 개인종합자산관리계좌(ISA)다. 또 IRP 역시 세액을 줄일 수 있는 계좌 중 하나다. ISA와 IRP는 배당과 상관없이 주식투자를 하는 월급쟁이라면 꼭 하나 만들어놓는 것이 좋다.

◇◇

ISA, 일단 만들어놓으면 손해 안 본다

현재 주식투자에서 세금을 줄이는 필수 아이템은 개인종합자산관리계좌(ISA)다. ISA는 예금, 적금, 펀드 등 다양한 금융상품을 선택해 포트폴리오를 구성하고 한 계좌에서 통합·관리할 수 있는 계좌다. 이자와 배당소득, 국내 상장주식 손익을 합쳐 일반형 기준 200만 원, 서민형 기준 400만 원까지 비과세되는 혜택이 있다. 또 이를 초과하는 금액에 대해서는 9.9% 저율의 분리과세가 적용되는 절세형 계좌다. 2024년에 들어 정부의 세제 혜택 확대 추진 계획이 발표되면서 가입이 증가하고 있다.

기획재정부는 2025년부터 일반투자형 ISA의 연간 납입 한도를 기존 2000만 원에서 4000만 원으로 올리기로 했다. 비과세 한도 역시 현행 200만 원에서 500만 원으로, 서민·농어민형은 1000만 원으로 확대된다. 국내 상장주식이나 국내 주식형 펀드에 투자할 수 있는 국내 투자형 ISA를 도입하고 금융소득종합과세자의 가입을 허용한다.

국내 투자자들의 해외 주식, 부동산 투자 수요를 되돌려오기 위해서인데, 금융소득종합과세자에게는 비과세 대신 14% 분리과세를 적용한다.

정치권은 여야 상관없이 ISA에 대한 지원은 확대해야 한다고 입을 모은다. ISA 투자가 늘면 증시 유입자금이 확대될 수 있기 때문이다. 실제로 2024년 2월 기준 중개형 ISA의 대부분이 주식 (48%)과 ETF(23%)로 구성되어 있는 것으로 나타났다.

일본 역시 일본판 ISA인 'NISA'를 개편해 증시 투자 확대를 노린 바가 있다. 일본은 2024년 1월부터 NISA 투자액은 120만 엔(약 1080만 원)에서 360만 엔(3240만 원)으로 3배 상향했다. 비과세한도액은 1800만 엔(1억6200만 원)으로 하고, 비과세 기간은 기존 5년 제한에서 무제한으로 바꿨다. 이에 따라 연간 5조~6조 엔의 자금이 주식시장으로 몰려들 것으로 예측하고 있다.

ISA에도 주의해야 할 점은 있다. 증권업계는 현행 기준으로 금융소득종합과세(1년 이자, 배당소득 2000만 원 초과) 대상자가 되면 만기 연장이 불가능하지만, 그렇지 않다면 ISA는 3년 주기로 청산하고 재가입하는 것이 유리하다고 조언한다. 그래야 3년마다 200만~400만 원이라는 비과세 혜택을 챙길 수 있기 때문이다. 뿐만 아니라 만기 시 현금으로 찾기보다는 연금계좌에 불입하면 이전 금액의 10%(최대 300만 원)를 추가로 절세할 수 있다.

다만 ISA에서 연금 계좌로 돈을 옮겨 절세 혜택을 챙기려면 ISA 만기 후 60일 이내에 해야 하며, 같은 증권사 내에서 이전이어도 주식이나 금융상품은 매도해 현금화한 후 다시 매수해야 한다.

IRP, 퇴직연금계좌로 세금도 줄인다

IRP(Individual Retirement Pension, 개인형퇴직연금제도)는 근로자가 재직 중 자율로 가입하거나 퇴직 시 받은 퇴직급여를 계속 적립·운용할 수 있도록 한 퇴직연금제도다. 퇴직연금 또는 퇴직금제도에 가입된 근로자나 퇴직한 근로자가 기본적으로 가입할 수 있다. 자영업자와 특수직역연금 가입자(공무원, 군인, 사립학교 교사, 우체국 직원)도 가입할 수 있다. 뿐만 아니라 IRP는 펀드, 상장지수 펀드(ETF), 리츠(REITs) 등의 실적배당상품에 다양하게 투자할 수 있다.

IRP의 최대 장점은 세액공제 혜택을 극대화하는 것이다. 연금저축과 IRP를 합친 연금계좌에서는 연간 최대 700만 원까지 세액공제를 받을 수 있다(최대 저축가능금액은 1800만 원). 직장인이 기존 연금저축만 가지고 있다면 400만 원(고소득자일 경우 300만 원)까지 세액공제를 받을 수 있기 때문에 IRP를 추가로 가입함으로써 공제혜택을 늘릴 수 있다. 연간 총 700만 원을 저축할 계획이라면 연금저축에 최대 300만~400만 원을 저축하고, 나머지는 IRP에 저축하는 것이 공제 혜택을 극대화하는 방법이다. 한편 50대 직장인의 경우 총 급여가 1억 2000만 원(종합소득 1억 원) 이하인 경우에 한해서 2020년부터 2022년까지 3년간 연 200만 원씩을 더 공제받을 수 있다.

세액공제율은 세액공제 대상 금액으로부터 세금 환급액을 정하는 비율인데, 총 급여가 5500만 원(종합소득 4000만 원) 이하면 세액공제율은 16.5%며, 총 급여가 5500만 원을 넘어선다면 13.2%의 세액공제율이 적용된다. 16.5%의 세액공제율이 적용되는 근로자의 세액공제 대상 금액이 700만 원이면 연말정산 시 115만5000원의 세금을 돌려받을 수 있는 것이다.

퇴직하거나 회사를 옮긴 근로자가 기존 퇴직급여를 수령해 이를 IRP에 옮겨 계속 운용하면 절세 효과를 극대화할 수 있다. 55세 미만인 근로자가 퇴직연금에 가입되었던 퇴직급여를 퇴직할 때 수령하면 이는 IRP 계좌로 이체된다. 이때 퇴직소득세는 계산만 하고 내지 않는다. 이렇게 과세를 이연하고, IRP에 적립된 금액을 나중에 연금으로 수령하면 30%의 세금이 경감되는 것이다. 또한 적립된 자산을 운용하면서 발생한 이자, 배당 등의 운용수익은 이를 연금으로 수령할 때 15.4%의 이자배당 소득세 대신 3.3~5.5%의 저율로 세금을 납부한다.

ETF도 반드시
세금을 고려해야 한다

ETF의 경우에는 세금은 따로 없어도 운용사에 물어야 하는 수수료가 있다. 국내 주식형 ETF의 경우는 국내 세금과 같이 매매차익에 대해 비과세 되기 때문에 일반 주식계좌에서 매매해도 매매차익에 대해 별도의 세금은 부과되지 않는다.

ETF도 세금이 있다

ETF도 상장되어 있는 '주식'인 만큼 기본적으로 주식에 부과되는 세금과 같다. 다만 ETF를 매매할 수 있는 계좌가 여러 방식이 있기 때문에 이를 정리하기 위해 한 번 더 설명한다. 그리고 해외 ETF에 직접 투자하는 것과 국내 자산운용사가 만든 해외 ETF(코스피에 상장)의 세금도 한 번 더 정리해보자.

ETF를 매매할 수 있는 계좌는 크게 △일반주식계좌, △IRP와 연금주식계좌, △중개형 ISA 계좌, △DC형 퇴직연금계좌가 있다.

ETF에 붙는 세금

	국내 주식형 상품	해외 거래 상품	국내 거래되는 해외 주식형/ 채권형 및 기타 금융상품
매매차익과세방식	비과세	양도소득세	배당소득세
세율	-	22% (기본공제 250만 원)	15.4%
금융소득종합과세	×	×	○(연 2000만 원 이상)

일반 주식계좌는 별도의 세제 혜택은 없지만 입출금의 제한이 없어 자유롭게 투자할 수 있다는 장점이 있다. 국내 주식형 ETF의 경우는 국내 세금과 같이 매매차익에 대해 비과세가 적용되기 때문에 일반 주식계좌에서 매매해도 매매차익에 대해 별도의 세금은 부과되지 않는다.

국내 주식형을 제외한 다른 모든 ETF, 해외 주식형, 채권형, 금리형 ETF는 매매차익에 대해서 15.4%의 배당소득세가 부과되고 해당 소득은 금융소득종합과세에 포함된다. 또한 ETF가 지급하는 분배금에도 15.4%의 배당소득세가 부과되는데, 국내주식형 ETF나 기타 ETF에 모두 부과된다.

미국이나 해외에 상장된 ETF는 어떻게 세금을 낼까? 역외 ETF에 투자했을 때 발생하는 매매차익은 기본공제 250만 원이 적용되지만, 250만 원을 넘는 이익에 대해서는 22%의 양도소득세가 적용된다. 또한 과세 대상 이익 계산 실현 시 이익과 손실을 상계해준다. 다만 해외에 상장된 ETF에서 받는 배당금의 경우는 국내와 똑같이 15.4%의 배당소득세가 부과되고 금융소득종합과세에 포함되는 점을 유의해야 한다.

세금, 작다고 무시하다가는 큰코다친다

IRP와 연금저축계좌를 통한 ETF는 세액공제와 과세이연이 되는 장점 덕분에 인기를 끌고 있는데 연간 1800만 원까지 납입할 수 있다. 연금저축계좌야 누구나 가입할 수 있지만 RIP는 소득이 있어야만 가능하다.

ETF 투자에 한해서 이야기한다면 IRP 계좌는 DC형 퇴직계좌와 동일하게 위험자산 비중을 최대 70%까지 제한해두고 있고,

세제 혜택 계좌별 ETF 투자 제한 사항 비교

구분	중개형 ISA	개인연금	퇴직연금(DC/IRP)
투자 가능 상품	ETF/펀드/주식 등	ETF/펀드 등	ETF/펀드/예적금
위험자산 투자 한도	없음	없음	위험자산 최대 70%
레버리지/인버스	가능	불가	불가
선물 ETF	가능	가능	불가
합성형 ETF	가능	가능	가능(일부만)
인프라/리츠	가능	가능	가능
매매수수료	있음	있음	없음

과세이연, 세액공제, 분리과세 여부

	과세이연	세액공제	분리과세
일반주식계좌	×	×	×
DC형 퇴직계좌	○	×	○
중개형 ISA 계좌	○	×	○
연금저축	○	○	○
IRP	○	○	○

30%는 채권이나 채권혼합형같이 안전성이 높은 자산을 투자하도록 하고 있다. 두 계좌 모두 레버리지나 인버스 ETF는 투자하지 못하고, 선물형 ETF의 경우 연금저축계좌에만 투자할 수 있다.

ISA 계좌는 ETF 투자에 가장 적합한 계좌다. 매매차익이 비과세되는 국내 주식형 ETF 투자가 아니라 매매차익에 대해 배당소득세를 적용받고 금융종소득종합과세로 합산되는 해외 주식형과 채권형 ETF에 투자할 경우 ISA 활용을 우선적으로 고려해야 한다.

ISA에도 연간 납입한도가 있고 세제 혜택을 위해 3년 보유기간 요건이 있다. 하지만 현금이 필요할 경우에는 중간에 세제 혜택만 포기하면 자유롭게 인출까지 가능하므로 환금성에 제약도 크지 않은 편이다.

DC형 퇴직연금으로도 ETF에 투자할 수 있다. 과거에는 은행이나 보험이 아닌 증권사가 퇴직연금 사업자인 경우에만 ETF를 사고팔 수 있었지만 최근에는 은행이나 보험사도 ETF 매매를 가능하도록 하고 있다. DC형 퇴직연금계좌의 경우는 IRP와 동일하게 '안전자산 비중 30%'의 요건을 지켜야 한다. 퇴직연금이라 중도 인출이 어렵기는 하지만 중간에 발생한 이익과 분배금에 대해서는 세금이 원천징수되지 않는다는 장점이 있다.

금투세에 맞서 목소리 높인
천만 동학개미

2024년 증시에서 가장 뜨거운 화두는 금융투자소득세 시행 여부였다. 더불어민주당 역시 국내 주식시장의 상황을 감안해 금투세 '폐지'로 결정을 지으며 4년간 우리 증시의 발목을 잡은 세금 우려는 사라지게 되었다.

금투세 시행에 맞서 똘똘 뭉친 개미들

금융투자소득세는 주식이나 채권, 펀드 등 금융투자로 일정 규모 이상 수익을 내면 세금을 부과하는 제도다. 국내 주식 양도 수익이 5000만 원을 넘어서면 과세 대상이 되는데, 2020년에 관련법이 개정되면서 당초 2023년부터 시행될 예정이었지만, 2022년에 여야 합의로 시행이 2년간 유예되었다. 당시에도 금투세 도입이 시기상조라는 의견이 많았기 때문이다.

유예가 끝나고 2024년이 되어서도 금투세를 둘러싼 논쟁은 뜨거웠다. 더불어민주당은 '수익이 있는 곳에 세금이 있다'는 원칙을 내세웠다. 하지만 개미투자자들의 반발과 국내 증시의 지지부진한 흐름, 시기상조라는 전문가들의 목소리에 결국 금투세는 '폐지'라는 결론을 내렸다.

그런데 사람들은 왜 그렇게 금투세를 반대한 것일까. 실제로 금투세는 국내 주식·펀드 등에 투자해 연간 5000만 원 이상의 소득을 얻은 투자자들에게 수익의 최대 25%(지방세 포함 27.5%)를 매기는 세금이다. 주식투자 수익률을 10%라 가정하면 적어도 5억 원이 넘는 주식을 보유해야 금투세 납부 대상이 될 가능성이 있다. 평균 수익률이 10%를 달성하는 경우는 드물기 때문에 실제 금투세 납부 대상은 1%보다 적을 수도 있다. 상황이 이렇기 때문에 금투세를 내야 하는 사람들은 굉장히 소수다.

하지만 금투세가 도입될 경우에는 '큰손'들이 국내 투자에서 한발 물러설 수 있다. 큰손들이 금투세 부담을 줄이기 위해 부동산 투자나 미국 증시 등으로 투자처를 바꾸면 주가는 하락하고 소액으로 주식에 투자한 개인주주들이 피해를 입을 수밖에 없다.

가뜩이나 부동산 시장으로 자금이 쏠려 있다가 2020년 코로나19 이후에야 주식의 비중이 조금 커진 국내 자산시장이다. 섣부르게 금투세가 도입될 경우에는 주식에 투자하는 문화는 다시 소멸할 수밖에 없다.

개미의 승리, 마지막 남은 자산 증식은 역시 '주식'

금투세 도입은 '어쩔 수 없는 글로벌 스탠다드'라는 지적도 여전하다. 미국과 일본 등 다수의 선진국은 금투세와 유사하게 주식 거래에 따른 자본 이득과 손실을 통산해 양도소득세를 부과하는 자본시장 과세체계를 갖고 있기 때문이다. 영국(세율 10%, 20%)과 독일(26.375%)도 주식의 자본 이득에 세금을 부과해 금투세 도입 국가로 분류된다.

우리와 지리적으로 가까운 중국과 대만, 홍콩, 싱가포르 등 중화권에서는 자본 이득에 대한 양도소득세 대신 증권거래세만 걷고 있다. 특히 대만은 1989년 주식의 양도차익에 대해 최대 50% 세율의 세금을 부과하기로 했다가 주가가 급락하자 이듬해 이를 철회했다.

이후 2013년 중반 다시 주식에 대한 양도차익에 과세를 추진하는 법안을 통과시킨 뒤 2018년까지 시행을 유예하기로 했지만 결국 개미들의 반발로 2016년 전면무효화가 되었다.

국내 증시 전문가들은 아파트를 비롯해 부동산에 너무 많은 자산이 묶여 있는 현재 상황에서 주식시장을 활성화하고, 국민 자산을 늘리고, 기업의 투자를 확대하기 위해서는 아직 금투세는 시기상조라고 이야기하고 있다.

뿐만 아니라 이제 금투세를 넘어 상법 개정에 대해 논의해야 한다는 목소리도 나온다. 특히 상법 중 이사의 충실의무 대상을 '회사'에서 '회사와 총 주주'로 확대하는 방안으로 개정해 이사들이 회사 또는 오너들에게만 유리한 물적 분할을 단행하는 것이 아니라 소액 주주들의 손실까지 따져 결정하도록 해야 한다는 것이다. 물론 경영계는 강하게 반발하고 있다.

금투세 폐지나 상법 개정을 둘러싼 논쟁이 중요한 것은 점점 시장이 개인투자자들의 눈치를 보고, 개인투자자들의 목소리도 귀담아들으려 한다는 점이다. 배당투자자라면, 아니 주식투자자라면 정책이 어떻게 돌아가는지 빠르게 판단하고 힘을 모으는 것도 이렇게 중요하다.

DIVIDEND INVESTMENT

자사주를 계속 사들이기만 하네. 주가가 올라가니 그냥 좋은 것일까?

기업들이 '가치 제고'를 위해 5개년 계획을 낸다는데 어디서 무엇을 봐야 할까?

현재 기업 밸류업 프로그램은 어떻게 진행되고 있나?

사고 태우고, 자사주 환원의 마법

기업들이 배당을 하는 것은 주주들에게 투자에 대한 열매를 나눠주기 위한 것이다. 예전에는 기업들이 배당을 해도 투자를 이유로, 불확실성을 이유로 사내에 꽁꽁 싸매놓았지만 2023년부터 기업들은 배당을 조금씩 확대하며 우리 회사에 투자를 해달라고 아우성대고 있다. 그런데 배당 외에도 기업들이 개인투자자들에게 매력을 호소하는 것이 있다. 바로 자사주 매입과 자사주 소각이다. 그런데 이것도 잘 들여다봐야 한다.

주가 올리는
자사주 매입과 소각

자사주 매입이란 기업이 자기 회사 주식을 사들이는 것이다. 주주들은 자사주 매입을 일시적인 것으로 받아들인다. 이익의 변화가 큰 기업일수록 배당을 해서 지속적으로 부담을 느끼기보다 필요할 때 자사주 매입을 하는 것을 선호할 수 있다.

배당만큼 중요한 것이 있다고?

주식회사는 벌어들인 순이익의 일부를 배당금으로 주주들에게 나눠주는 방식으로 주주환원을 한다. 자사주 매입이란 기업이 자기 회사 주식을 사들이는 것이다 배당금과 마찬가지로 순이익의 일부를 주주들에게 나눠주는 방법이다. 회사는 순이익을 배당금으로 나눠줄 수도 있고 자사주 매입을 통해 나눠줄 수도 있다. 주주 입장에서는 회사가 어떤 방법을 선택하든 차이가 없다.

A라는 회사의 시장 가치가 100억 원이고 주식 수가 100만 주

라고 하면 주가는 1만 원이 될 것이다. 이 회사가 배당금으로 20억 원, 즉 주당 2000원을 지급한다고 하자. 회사 돈 20억 원을 지출하니 회사의 시장 가치는 80억 원으로 감소하고, 주식 수는 그대로 100만 주니 주가는 8000원으로 떨어진다. 하지만 주주들은 주당 2000원을 배당받기 때문에 주주들이 얻는 가치는 주당 1만 원이 된다.

이 A회사가 20억 원으로 자기 회사 주식 20만 주를 사들이는 자사주 매입을 한다고 생각해보자. 역시 기업 가치는 80억 원으로 감소하지만 주주들이 보유한 주식 수가 80만 주로 줄어들어 주가는 1만 원을 유지한다. 배당과 마찬가지로 주주들은 주당 가치 1만 원을 얻는 셈으로 회사가 20억 원으로 배당을 하든 자사주 매입을 하든 주주들이 얻는 가치는 같다. 이를 공식으로 간단하게 정리하면 '주주환원=배당+자사주 매입 및 소각'이다.

자사주 매입을 아무 때나 아무 만큼이나 할 수 있는 것은 아니다. 회사가 자기 회사 주식을 사고팔아서 주가를 마음대로 움직이거나 내부자들이 자기 이익을 위해 이용할 수 있기 때문에 이를 철저히 '범위 내'에서 하도록 한다. 자사주 매입을 하려면 이사회 결의를 거쳐 증권거래소에 신고서를 내야 하고 3개월 이내에 자사주 매입을 끝내야 한다. 거래소 시장에서만 거래가 허용되고 주문 가격과 수량에도 제약이 있다. 특별한 경우가 아니면 6개월 이내에는 매입한 주식을 되팔 수 없다. 자사주는 의결권과 배당권도 인정되지 않는다. 회사가 주식을 보유하고 있지만 주주 권리는 인정받지 못하는 것이다.

회사가 금융회사를 통해 간접적으로 자사주를 매입하는 방법도 있다. 은행이나 투자신탁회사가 회사에서 준 돈으로 주식을 대신 사서 관리하는 것으로 '자사주 취득을 위한 신탁계약'이라고도 한다. 이 경우에는 회사가 주식 거래에 관여하거나 주식을 직접 보유하지 않기 때문에 규제도 적다.

기업이 자사주를 사들이는 이유

기업이 자사주 매입을 하는 이유는 무엇일까? 배당은 규칙적으로 지급되는 특성이 있다. 그러다 보니 배당금이 갑자기 크게 바뀌는 것에 대해 주주들이 예민할 수밖에 없다. 그래서 경영자는 긴급한 상황이 아니라면 배당을 줄이려 하지 않는다. 그 말은 배당 수준을 꾸준히 유지할 수 있다고 확신하지 않는 한 배당을 늘리려 하지도 않는다는 것이다.

반면 주주들은 자사주 매입을 일시적인 것으로 받아들인다. 그래서 기업은 시기와 규모를 자유롭게 선택할 수 있는 자사주 매입을 선호하는 것이다. 이익의 변화가 큰 기업일수록 배당을 섣불리 해서 지속적으로 부담을 느끼기보다 필요할 때 자사주 매입을 하는 것이 용이할 수 있다.

자사주를 매입하는 또 다른 중요한 이유는 주가가 저평가되었다는 것을 시장에 알리기 위해서다. 시장에서 형성된 주가가 회사가 자체 평가한 주가보다 싸다면 자사주를 매입하는 것이 회사로서 바람직한 선택이다. 많은 회사가 자사주 매입 이유로 '주가 안정'을 언급하고 있고, 실제로 주가가 많이 떨어졌을 때 자사주를 매입하는 경향을 볼 수 있다. 자사주 매입에 나선다는 것은 그만큼 현재 주가가 싸다는 회사의 '자신감'인 셈이다.

지배주주의 경영권을 안정시킬 수도 있다. 자사주는 의결권이 제한된다. 따라서 자사주를 매입하면 의결권 수가 줄어들어 상대적으로 기존 최대주주의 지배력이 커지는 효과를 얻을 수 있다. 또한 경영권이 위협받을 때 자사주를 우호적인 주주에게 팔 수도 있다. 의결권이 되살아나면서 우호 세력의 의결권이 커지는 것이다. 자사주 매입으로 유통되는 주식 수가 줄면 지배력을 확보하려는 주주는 주식을 더 비싸게 사들여야 한다. 이렇게 자사주 매입은 외부 주주가 지배권을 확보하기 어렵게 만든다.

회사 입장에서는 자사주를 매입해서 남아도는 현금을 소모할 수도 있다. 회사에 현금이 많이 쌓이면 경영자는 무분별하게 사업을 확장하거나 회사 자금을 개인적으로 허비할 수도 있다. 따라서 주주들은 경영자가 주주의 이익에 반(反)하는 방식으로 회사 자금을 사용하는 것을 막기 위해 회사의 잉여현금을 주주들에게 나누라고 요구할 수 있다.

매입 자체보다 매입 후가
더 중요한 자사주

어떤 기업은 자사주를 사들인 후 다시 팔아치운다. 그렇다면 자사주 매입의 효과는 희석된다. 경영권을 위해 자사주를 매입한 후 나몰라라 하는 회사도 있다. 그래서 자사주를 매입한 이후 소각이 중요한 이유다.

매입보다 소각이 중요한 자사주

자사주를 사들였다고 해서 충분한 것이 아니다. 제대로 된 주주환원을 위해서는 자사주 소각(消却)이 이뤄져야 한다는 목소리도 있다. 소각이란 말 그대로 '모두 없애버리는 것'이다. 사들인 자사주를 소각하면 총 발행주식 수가 줄어든다.

어떤 의미에서는 일반 주주의 손에 있던 주식을 회사가 사들이는 자사주 매입은, 주식의 소유권이 회사로 넘어오는 것일 뿐이라고 생각할 수 있다. 자사주 매입으로 유통주식 수를 줄이고 주가를 올릴 수는 있지만 회사가 자사주를 사들인 후 '다른 마음'을 먹으면 오히려 역효과를 낳을 수도 있다.

성과급 개념으로 임직원에게 나눠준 자사주를 임직원들이 팔거나, 배당 등 주주가 받아야 할 돈으로 사들인 자사주를 다른 목적으로 처분하면 시장에 이들 물량이 다시 풀리는 만큼 유통주식 수를 줄인다는 당초의 주주환원이라는 목적과는 거리가 멀어진다.

자사주 매입을 교묘하게 이용한 사례도 있다. 자사주는 의결권이 없다. 하지만 인적분할을 이용하면 상황이 달라진다. 인적분할은 기존 주주가 지분율에 따라 새 회사의 주식을 똑같이 나눠 갖도록 기업을 나누는 것이다. 이 과정에서 자사주를 보유한 대주주가 신설회사의 신주를 배정받으며 의결권이 살아나게 되고 대주주 지배력이 커지게 된다. 2024년 5월 OCI와 OCI홀딩스의 인적분할이 이런 사례로 여겨져 주가 하락으로 이어지기도 했다.

제3자 매각 시 의결권이 살아나는 점을 활용해 계열사나 다른 회사와 '자사주 맞교환'을 하고, 이를 통해 '백기사' 등 우호 세력을 확보해 지배권을 강화하는 데 자사주를 이용하는 경우도 있다. 결국 주주들을 위한 환원이 아니라 대주주만을 위한 매입이었던 셈이다.

┌ 40만 원일 때도 배당을 않던 기업이…

경영권만을 위해 자사주 매입을 추구한 사례는 또 있다. 2024년 고려아연 경영권 분쟁이다. 영풍이 사모펀드 회사인 MBK와 손잡고 고려아연의 지분을 매입하자 고려아연 측은 경영권 방어를 위해 자사주 취득을 결의했다.

문제는 고려아연 측이 경영권 방어를 위한 자사주 취득에 나선 데다 주가가 40만 원일 때도 자사주를 취득하지 않던 기업이 83만 원에 회사 돈으로 주가를 사들인다는 점이다. 이를 통해 단기적으로 주가가 올라 수혜를 볼 수 있을지언정 꾸준히 순매수하기는 불안하다.

예측 가능성이나 매입 후 소각하지 않는 자사주 매입 현실을 고려하면 한국에서는 배당이 가장 확실한 주주환원 공식이라는 평가도 나온다. 자사주 취득과 배당 지급이 주주환원이라는 공통점은 있지만, 소각 없는 자사주 취득, 경영권을 위한 매수는 '꼼수'로 이어질 수 있다. 반면 배당지급액은 쉽게 변경하기 힘들기 때문이다.

앞서 설명한 바와 같이 배당은 한 번 올리고 나면 다음 연도에 누구나 이해할 만한 사유, 예를 들어 코로나19 시기 관광업종이나 사드 갈등으로 인한 화장품주 등의 극단적인 사례를 제외하고는 배당금을 깎기 힘들다. 배당금을 내릴 경우에는 큰 반발이 생기고 주가에도 영향을 미친다. 배당을 줄일 만큼 회사 사정이 어렵다고 보일 수 있기 때문이다.

예측 가능성과 자사주 매입의 꼼수 등을 생각하면 개인투자자들이 판단하기 편한 '기업의 주주환원 진심'은 배당일 것이다.

5개년 주주환원이
도대체 뭐지?

일부 기업은 주주들을 위해 배당정책을 3년 또는 5년 등 장기적인 플랜에 맞춰 제공한다. 투자의 적인 '불확실성'을 줄인다는 점에서 5개년 주주환원정책을 펼치는 회사를 기억하는 것이 좋다.

기업의 MBTI는 J여야 한다

주주환원을 공부하다 보면 '5개년 주주환원계획' '3개년 계획'을 심심찮게 볼 수 있다. 매년 50% 이상 늘고 있는 중장기 주주환원계획 공시의 속내는 '이제 잘 할 테니 저희 주식 좀 봐주세요. 예뻐해주세요'에 가깝다. 그런데 중요한 것은 과장이나 거짓말이 아니라 투자 예측 가능성을 높이는 청사진이라는 점이다.

중장기 주주환원계획을 가장 잘 이용하는 기업은 삼성전자다. 삼성전자는 2020년 말에 '2021~2023 3개년 주주환원계획'을

2024년에 중장기 주주환원 계획을 공시한 주요 기업들

기업	주주환원내용
삼성전자	2024~2026년 총 FCF의 50%를 주주환원 매년 9조8000억 원 정규 배당
아모레퍼시픽	2023~2025년까지 연도별 배당성향 35% 수준으로 확대 연간 FCF 50% 한도 내 배당 시행
현대모비스	2024년 지분법 손익 제외 순이익 기준 배당성향 20~30% 1500억 원 자사주 매입 및 소각
포스코인터내셔널	2023~2025년 지배주주 연결 순이익 25%를 배당, 중간배당 도입
에스엠	2023~2025년간 별도 당기순이익의 30% 주주환원

이미 공시해 예고대로 잘 마쳤고, 2024년에도 다시 3개년 계획을 내놓았다. 총 잉여현금흐름(FCF)의 50%를 주주환원 재원으로 활용하고 이 기간 매년 9조8000억 원의 정규배당을 실시한다는 내용을 담았다. 매년 FCF를 산정해 의미 있는 잔여재원이 발생하면 일부를 조기 환원하는 방안도 검토하기로 했다.

코로나19로 중국 시장이 초토화되면서 주가가 반 토막 난 아모레퍼시픽도 중장기 주주환원계획을 내세우며 주주 달래기에 나섰다. 2023년 11월 아모레퍼시픽은 향후 3년간(2023~2025년) 배당성향을 35% 수준으로 확대하고 연간 FCF 50% 한도 내에서 배당을 하겠다고 밝혔다.

요즘은 코스닥 상장사도 중장기계획을 내놓는다. 에스엠이나 쏠리드, 아프리카TV 등이 지난해부터 중장기 배당계획을 내놓았다. 중장기 주주환원은 투자자들의 예측 가능성을 높인다는 점에서 기업가치를 높이는 데 효과적이다. 기업의 배당이나 자사주 매입 계획을 미리 알고 투자한다면 보다 정확한 밸류에이션을 통해 투자 불확실성을 줄일 수 있을 것이다.

─ 5개년 주주환원을 확인하는 방법

'주주환원계획' 공시는 자율공시라서 넘기기 쉽지만 꼭 보는 것이 좋다. 미래는 어떻게 될지 알 수 없지만 상장사가 스스로 주주들에게 한 약속이기 때문에 대다수는 지키기 위한 노력들을 하고 있기 때문이다. 5개년 주주환원을 보고 싶다면 금융감독원 공시 홈페이지인 '다트'나 한국거래소 공시 홈페이지 '카인드'에 접속하면 된다.

2024년 8월에 밸류업 계획을 내놓은 현대차를 보자. 현대차는 2017년부터 2022년까지 FCF 30~50%, 연 2회 배당이라는 계획을 내놓았고 2023~2024년에는 배당성향 최소 25%, 분기배당, 보유하고 있는 자사주를 3년간 3% 소각한다고 밝혔다. 이어 2025~2027년까지는 주당 최소 배당금을 1만 원으로 제시했다.

회사가 배당에 '진심'이라는 것이 보이는 대목이다. 게다가 주당 배당금이 최소 1만 원이라면 지금보다 배당이 늘어난다는 말이니 현대차의 주가 상황을 본 후 적당한 시기에 배당을 노려 매

2024년 8월 밸류업 계획을 내놓은 현대차의 공시

※ 동 정보는 장래 계획사항, 예측정보를 포함할 수 있으며, 향후 계획사항이 변경되거나 실제 결과가 예측정보와 다를 수 있음.	
1. 계획서 명칭	2024 현대자동차 Value-up Program
2. 주요 내용	1. 기업개요 2. Value-up Program(현황분석 및 추진계획) ☐ 2017-2022 　- 금융 제외 FCF 30~50% 　- 연 2회 배당(중간·기말) 시행 ☐ 2023-2024 　- 배당성향 최소 25% 　- 분기배당 도입 　- 기보유 자사주 3% 소각(3년간) ☐ 2025-2027 　- TSR 35%+ / ROE 목표 지향 　- 주당 최소배당금 KRW 10,000 등 ※ 상세 추진 계획 첨부 파일 참조
3. 결정일자	2024-08-28
4. 관련 자료	게재일시　　　2024-08-28
	관련 웹페이지　www.hyundai.com/worldwide

수하면 되는 것이다.

　모든 기업이 5개년 공시를 하는 것은 아니다. 3개년 계획을 밝히는 기업도 있고, 향후 7년의 계획을 밝히는 기업도 있다. 중요한 것은 계획을 발표해서 얼마나 '체계적인' 배당과 주주환원에 나서냐다.

기업 밸류업 프로그램,
한국 증시 체질 바꾸기?

2024년부터 한국에서도 정부가 주도하는 '기업 밸류업 프로그램'을 가동중이다. 한국거래소가 제공하는 밸류업 홈페이지를 보면 배당이나 자사주 매입, 소각 등에 대한 정보를 확인할 수 있다.

밸류업이 뭐예요?

밸류업은 Value(가치)와 UP(증가)이 합쳐진 합성어로 '주식시장의 가치를 증가시킨다'는 의미다. 한국 정부가 국내 상장기업들의 가치를 제고하여 국내 증시의 전반적인 가치를 부양하기 위해 도입한 경제정책이다. 2024년 초에 정부는 오랜 문제로 여겨온 한국 증시 저평가 현상, 즉 코리아 디스카운트의 해소를 위한 방안을 마련하기로 했는데 이 방안이 기업 밸류업 프로그램이다.

주요국 상장기업 10년 평균 ROE·PBR·PER(2014~2023년)

분	한국	대만	중국	인도	신흥 평균	미국	일본	영국	선진 평균
ROE(%)	7.98	13.58	11.48	12.80	11.08	14.85	8.34	9.62	11.55
PBR(배)	1.04	2.07	1.50	3.32	1.58	3.64	1.40	1.71	2.50
PER(배)	14.16	15.95	13.09	25.62	14.32	21.78	16.86	16.09	19.69

※현행 PBR·PER 기준

밸류업 프로그램은 PBR 1배 미만 기업을 대상으로 하는데, 앞서 설명했듯이 PBR이 1배 미만이라는 것은 회사가 보유한 자산을 모두 매각하고 사업을 청산했을 때보다 주가가 낮게 거래되고 있다는 것이다. 2024년 PBR 1배 미만인 기업은 국내 증시 상장사 2608개 중 1109개(42.5%)에 이른다. 뿐만 아니라 10년 전인 2014년 전체 상장사(1863개) 중에서도 PBR이 1배 미만인 기업은 806개(43.2%)였던 것을 감안하면 국내 증시가 동학개미운동 이후에도 저평가되고 있다는 것이다.

기업 가치를 제고하기 위한 가장 쉬운 방법은 무엇일까? 당연히 기업이 배당을 많이 하고 자사주를 매입한 후 적극적으로 소각하는 것이다. 다만 기업이 배당에 적극적으로 나설 수 있도록 배당을 많이 하는 기업에 인센티브를 주고, 내부 보유금을 너무 많이 쌓도록 하는 규제를 철폐하는 것이 필요하다. 이런 과정에서 나온 것이 밸류업 프로그램이다.

밸류업 정책을 확인하는 방법

정부가 계획하고 있는 밸류업 프로그램은 기업이 스스로 가이드라인을 제공하도록 독려하고, 이 과정에서 세제 지원과 우수 기업 표창, IR 등의 인센티브를 주는 것이다. 가이드라인은 한국거래소 공시 홈페이지인 '카인드'에서 볼 수 있는데 자사주매입, 소각, 배당확대, ROE를 높이는 구체적인 방안 제시 등을 하고 있다.

다만 2024년 7월 중순 기준 구체적인 공시를 내놓은 기업은 단 3곳뿐이라서 아쉬운 상황이다. 정부는 기업들이 자본계획을 세우는 연말연시에 조금 더 많은 밸류업 계획이 나올 것으로 기대하고 있다.

이와 함께 거래소는 우수한 기업들을 중심으로 한 '코리아 밸류업 지수'라는 새로운 지수를 개발할 계획이다. 자산운용사가 이를 벤치마크 지표로 활용한 ETF나 펀드 등 금융상품을 낼 수 있도록 하겠다는 방안이다. 아울러 스튜어드십 코드를 개발하고 있는데, 스튜어드십 코드란 기관투자자가 투자 등의 의사결정을 할 때 지켜야 하는 행동지침을 뜻한다. 이러한 스튜어드십 코드에 기업가치 제고와 같은 내용을 반영할 계획이다.

거래소 공시 페이지에 들어가면 업종별, 종목별 PBR과 최근 5개년 배당성향, 배당수익률 등을 한눈에 볼 수 있으니 배당투자자라면 꼭 보길 바란다.

정부는 밸류업 프로그램을 독려하기 위해 기업들에게 구체적인 세제 지원안을 제시하고 있다. 기획재정부는 기업들의 주주환원을 증대시킬 목적으로 밸류업과 관련한 법인세, 배당소득세, 상속세에 대한 세제혜택을 발표했는데, 그 내용은 △기업의 주주환원 증가분(직전 3년 대비 5% 초과분)에 대한 법인세 세액공제, △배당소득 증가분 중 2000만 원 이하 구간의 원천징수 세율을 14%에서 9%로 인하 및 2000만 원 초과 구간 종합과세 또는 25%의 세율 분리과세 중 선택권 부여, △최대주주 상속세 할증평가 20% 폐지 등이다. 다만 세법 개정이 필요하므로 다수당인 더불어민주당의 동의가 필요한 사안이라 조금 더 지켜봐야 한다.

일본과 중국의 밸류업은?

서로 참 싫어하지만 그래도 같이 가는 것이 동북아 3개국이다. 일본을 시작으로 한국과 중국 모두 밸류업 프로그램을 정부 주도로 진행중이다.

일본은 2023년 3월에 '자본비용과 주가를 의식한 경영조치'라는 이름으로 기업가치 제고 프로그램을 실행했고, 같은 해 6월에는 JPX 프라임 지수를 신설해 ROE가 자본비용보다 높고 PBR 1을 초과하는 기업을 편입시켜 펀드 자금을 지원받을 수 있도록

했다. PBR 1배 미만이면서도 참여하지 않는 기업에 불이익을 주지는 않았지만 참여 기업 명단을 발표하면서 미참여 기업에 '눈치'를 주는 방식으로 소극적인 강제성을 만들었다. 이러한 노력에 힘입어 2024년 1월, 일본 닛케이 225지수가 34년 만에 최고치를 기록했고 7월에는 4만2000 선까지 돌파했다.

중국 역시 밸류업을 진행중이다. 2024년 4월 12일 중국 국무원에서 '신 국9조'라는 증시 부양 프로그램을 발표했는데, 신국9조는 중국의 모든 상장기업을 대상으로 배당 지급과 자사주 매입 및 소각을 강화하는 것을 주요 내용으로 한다. 1년에 1회 이상 배당, 춘절 직전 배당 독려 등의 내용이 담겨 있다. 눈치를 주는 일본과 달리 중국답게 아주 강한 패널티로 기업들을 독려하고 있다. 배당 여력이 있는 기업이 배당을 소홀히 하면 관리종목으로 강제 지정되고, 대주주의 주식 매각을 금지했으며, 공시 위반 형량과 벌금도 대폭 올린 상태다.

주식 가치를 올려주는 기업에
투자해야 한다

주식 가치를 높이는 기업, 그래서 주식에 투자하는 내 돈의 가치도 높여주는 기업에 투자하는 게 배당투자의 핵심이다. 지름길을 찾으려 하지 말고 가장 모가 나지 않은 길, 위험하지 않은 길로 조금씩 걸어가는 것이 배당투자다.

⌐ 투자한 돈의 가치를 올려주는 상장사

배당을 많이 주는 회사는 곧 돈을 잘 버는 회사다. 돈이 있어야 배당금을 나눠줄 수 있기 때문이다. 배당뿐만 아니라 자사주를 적절히 사들이고 태워서 주주들이 가진 주식의 가치를 올려주는 회사도 좋은 회사다.

투자에 성공하려면 가장 중요한 것은 좋은 회사에 투자를 하는 것이다. 물론 지금 당장 수익률이 100~1000% 나는 회사가 있을 수도 있다. 2000년대 닷컴버블 때가 그랬다. 하지만 단기수익률이 좋다고 해서 그 기업이 좋은 회사는 아니다. 단기수익률만 노리다가는 오히려 '상투'에서 사는 우를 범할 수 있다. 좋은 기업에 투자해야 수익을 얻을 수 있고 오랜 기간 돈을 벌 수 있다.

위험하지 않은 길로 조금씩 걸어가자

배당투자는 배당금만을 벌기 위한 투자가 아니다. 좋은 기업을 선별하고, 오래 투자할 수 있는 기업을 선별해야 한다. 그 가운데 수익을 얻어 주식시장에 다시 투입해 더 많은 돈을 버는 것이 우리가 추구하는 '배당으로 경제적 자유'를 누리는 길이다.

지름길을 찾으려 하지 말고 가장 모가 나지 않은 길, 위험하지 않은 길로 조금씩 걸어가는 것이 배당투자다. 최근에는 그 길에 정부도 함께하면서 '밸류업'을 독려하고 있으니 그리 외롭지는 않을 것이다.

아무쪼록 배당투자가 여러분의 경제적 자유에 길잡이가 되었으면 좋겠다.

★ 메이트북스는 독자의 꿈을 사랑합니다.

현장에서 전하는 기자들의 생생한 반도체 취재수첩

술술 읽히는 친절한 반도체 투자

팀 포카칩(For K-chips) 지음 | 값 18,900원

반도체는 IT 기술, 의료 기술 등 다양한 분야에서 필수재이며 글로벌 경제 및 기술의 미래 변화에도 영향을 미치므로 반도체 산업의 현황 및 전망을 이해하는 것이 중요하다. 반도체 현장을 취재하던 기자들과 국회 보좌진 등이 만든 연구모임 '팀 포카칩'이 반도체에 대해 A부터 Z까지 모든 것을 담은 책을 출간했다. 반도체 산업의 구조와 기술이 변화무쌍한 이 시점에 반도체에 대한 큰 틀을 이해하고 파악하는 데 도움이 될 것이다.

주식 왕초보가 꼭 알아야 할 기본

주린이도 술술 읽는 친절한 주식책

최정희·이슬기 지음 | 값 15,000원

지금은 주식투자를 반드시 해야만 하는 시대다. 많은 사람들에게 주식투자는 필수가 되었다. 다들 주식을 한다기에 덩달아 시작했는데 정작 주식을 잘 모르는 당신! 이 책을 통해 주식과 채권과 펀드는 어떻게 다른 건지, 주식거래는 어떻게 해야 하는 건지, 돈 되는 좋은 종목은 어떻게 찾아야 하는지, 경제와 주식은 어떤 관계를 가지고 있는지, 차트를 어떻게 보고 활용해야 하는지, 현재 돈이 몰리는 섹터는 어디인지 등 그간의 궁금증을 모두 풀어보자.

환율 왕초보가 꼭 알아야 할 기본

주린이도 술술 읽는 친절한 환율책

임노중 지음 | 값 16,000원

이 책은 환율책이지만 투자전략서이자 전망서이다. 달러가 약세일 때와 강세일 때, 해외주식과 국내주식 투자자들은 각각 어떻게 대처해야 할지 환율과 투자의 메커니즘을 낱낱이 분석한다. 환율을 하나의 투자지표로서만 보는 것이 아니다. 매우 매력적인 투자수단으로서의 외환투자의 노하우도 알려준다. 쉽고 친절한 입문서이면서도 실전 투자를 위한 비책이 담긴 이 책을 통해 투자자로서 새로운 수익률을 경험할 수 있을 것이다.

금리 왕초보가 꼭 알아야 할 기본

주린이도 술술 읽는 친절한 금리책

장태민 지음 | 값 18,000원

금리는 주식을 포함해 채권, 외환, 부동산 등 모든 투자 시장에 영향을 미치는 가장 기본적인 변수다. 이 책은 공인재무분석사 자격증을 소유한 저자가 애널리스트로, 금융 전문기자로 일해오면서 금리를 통해 투자의 기본을 이해하려는 사람들을 위해 쓴 책이다. 투자와 경제의 가장 기본이 되지만 자칫 어려울 수 있는 금리라는 주제를 쉬우면서도 남다른 깊이로 풀어낸 이 책이 소중한 자산을 지키고 불리는 데 큰 도움이 될 것이다.

미국주식 왕초보가 꼭 알아야 할 기본

주린이도 술술 읽는 친절한 미국주식책

최정희·이슬기 지음 | 값 18,000원

이 책은 주식투자의 새로운 길을 열어주는 미국주식투자 입문서이다. 미국주식을 왜 해야 하는지, 어떻게 하는 것인지, 미국주식투자할 때 반드시 알아야 하는 것은 무엇인지 등 미국주식투자의 기본 중의 기본, 핵심만을 샅샅이 모아 초보자들의 눈높이에 맞춰 친절하게 설명했다. 마지막 장에는 국내주식, 미국주식 투자자들이 꼭 알아야 할 주식용어를 실었다. 이 책을 통해 더 넓은 미국주식투자의 세상을 향해해보자.

주가차트 왕초보가 꼭 알아야 할 기본

주린이도 술술 읽는 친절한 주가차트책

백영 지음 | 값 17,000원

주식의 기초를 다져도 막상 HTS를 들여다보면 매분 매초마다 바뀌는 차트에 혼란스럽기만 하다. 이 책은 바로 그런 주린이들에게 최적의 매매타이밍을 찾을 수 있는 방법을 알려주는 기본서다. 매매기법의 응용이 아닌, 철저하게 초보투자자를 위한 기술적 분석, 즉 차트분석의 기본을 담았다. 이 책을 통해 자신과 호흡이 잘 맞는 방법을 찾아낸다면 주식을 싸게 사서 비싸게 팔 수 있는 최적의 매매타이밍을 찾을 수 있을 것이다.

경제 왕초보가 꼭 알아야 할 기본

주린이도 술술 읽는 친절한 경제책

박병률 지음 | 값 16,000원

이 책은 오랫동안 경제부 기자로 일해 온 저자가 그간 여러 사람들에게 받아왔던 경제 관련 질문들을 80가지로 추려 명료하게 답한 책이다. 경제 용어에 익숙하지 않은 사람들도 쉽게 이해할 수 있도록 묻고 답하기(Q&A) 형식을 빌렸기에 책 제목처럼 술술 읽힌다. 경제에 관한 모든 궁금증을 해결할 수 있을 것이다. 이제 막 투자를 시작하려는 사람들, 기본적인 경제 개념이 부족한 이들이 꼭 읽어야 할 책이다.

성공 주식투자를 위한 네이버 증권 100% 활용법

네이버 증권으로 주식투자하는 법

백영 지음 | 값 25,000원

이 책은 성공적인 주식투자를 위한 네이버 증권 100% 활용법을 알려준다. 주식투자, 어렵게 생각할 것이 없다! 네이버를 통해 뉴스를 접한 후 네이버 증권으로 종목을 찾아 투자하고, 네이버 증권에서 제공하는 차트로 타이밍에 맞춰 매매하면, 그것만으로도 충분하다. 이 책을 통해 현재의 주식시장을 이해하고, 스스로 돈 되는 종목을 찾아 싸게 사서 비싸게 파는 방법을 배운다면 성공 투자로 나아갈 수 있을 것이다.

■ 독자 여러분의 소중한 원고를 기다립니다

메이트북스는 독자 여러분의 소중한 원고를 기다리고 있습니다. 집필을 끝냈거나 집필중인 원고가 있으신 분은 khg0109@hanmail.net으로 원고의 간단한 기획의도와 개요, 연락처 등과 함께 보내주시면 최대한 빨리 검토한 후에 연락드리겠습니다. 머뭇거리지 마시고 언제라도 메이트북스의 문을 두드리시면 반갑게 맞이하겠습니다.

■ 메이트북스 SNS는 보물창고입니다

메이트북스 홈페이지 matebooks.co.kr

홈페이지에 회원가입을 하시면 신속한 도서정보 및 출간도서에는 없는 미공개 원고를 보실 수 있습니다.

메이트북스 유튜브 bit.ly/2qXrcUb

활발하게 업로드되는 저자의 인터뷰, 책 소개 동영상을 통해 책에서는 접할 수 없었던 입체적인 정보들을 경험하실 수 있습니다.

메이트북스 블로그 blog.naver.com/1n1media

1분 전문가 칼럼, 화제의 책, 화제의 동영상 등 독자 여러분을 위해 다양한 콘텐츠를 매일 올리고 있습니다.

메이트북스 네이버 포스트 post.naver.com/1n1media

도서 내용을 재구성해 만든 블로그형, 카드뉴스형 포스트를 통해 유익하고 통찰력 있는 정보들을 경험하실 수 있습니다.

STEP 1. 네이버 검색창 옆의 카메라 모양 아이콘을 누르세요.   STEP 2. 스마트렌즈를 통해 각 QR코드를 스캔하시면 됩니다.
STEP 3. 팝업창을 누르시면 메이트북스의 SNS가 나옵니다.